大夏书系·《人民教育》精品文丛

丛书总主编　余慧娟

本册主编　施久铭

核心素养的中国实践

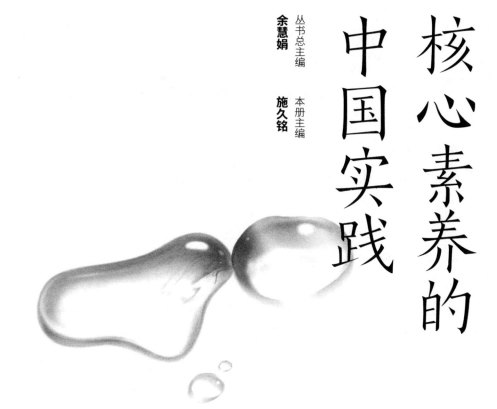

华东师范大学出版社
ECNUP　全国百佳图书出版单位

人民教育

目录

辑一　核心素养的"核心"关系

辑二　当"核心素养"来敲门，学校准备好了吗？

核心素养与学科素养

核心素养的校本化表达

核心素养与学习方式变革

辑三　核心素养落地的难点与突破

总 序
办伟大的学校，做伟大的校长和教师

翟 博

人民教育编辑部应华东师范大学出版社之邀，出版这套丛书，可喜可贺。

《人民教育》编辑部应华东师范大学出版社之邀，出版这套丛书，可喜可贺。

创刊于 1950 年的《人民教育》杂志，积聚了深厚的历史财富、广博的教育资源、深远的影响力和良好的公信力，被读者亲切地誉为"中国基础教育第一刊"。近几年来，《人民教育》杂志围绕中心，服务大局，坚持"方向性引领、专业化服务"宗旨，着力引领读者深入探讨中国基础教育改革发展的一系列重大课题，并在理论和实践层面作出回应，获得读者高度认可。其中，既有对教育现代化、立德树人、教育公平、教育质量观等重大理论问题的思考，也有校长领导力提升、学校办学的新经验，还有教师发展的新思路，更有最前沿的学习方式的引介，上接天线，下接地气。从《人民教育》近几年发表的文章中，精选、分类结集成册，既充分发挥了文献的长远价值，便于读者系统阅读，也能够更好地扩大传播面。在当前转瞬即逝的刷屏式海量、碎片阅读背景下，高水平的专业文章更能够帮助读者聚焦关注点，提高阅读的获得感，提升专业水平。

具体而言，《人民教育》精品文丛具有如下特点。

第一，丛书立足于新时代中国基础教育的历史使命，对重大教育课题和重点难点问题给出了丰富且可资借鉴的回答，是引领、推动中国基础教育发展的珍贵文献。

党的十八大以来，以习近平同志为核心的党中央高瞻远瞩，提出了一系列重要的教育思想和教育论断，为新时代基础教育发展指明了方向。党的十八大报告首次提出，把立德树人作为教育的根本任务。习近平总书记多次强调，要全面贯彻落实党的教育方针，培养德、智、体、美、劳全面发展的社会主义建设者和接班人；要处理好德与才的关系，解决好德与才相统一的问题；要让学生做到明大德、守公德、严私德；要把立德树人的成效作为检验学校一切工作的根本标准。深刻领会立德树人的丰富内涵，认真探索立德树人的实践路径，深入研究立德树人的理论，是新时代给基础教育提出的重大课题。

在这一背景下，基础教育需要切实承担起一系列重大使命。要把社会主义核心价值观教育融入教育全过程，放在更加突出的位置加以落实，引领学生树立正确的历史观、民族观、国家观、文化观。要植根于中华优秀传统文化的土壤，培育文化自信和中国精神，把中华优秀传统文化融入课堂教学和学校教育全过程，在创造性转化、创新性发展中传承中国人的文化基因。要大力发展素质教育，树立德、智、体、美、劳全面发展的质量观。要重新思考、践行好学校、好校长、好老师的标准。坚持育人为本，转变教育思想观念，认真落实习近平总书记提出的"四有"好老师的要求，进一步提升校长和教师的专业素质。从单纯以学科考试分数为主要评价指标转到全面发展的理念上来；从关注少数尖子生的发展转到关注每一个孩子的发展上来；从过于强调统一步调转到更多关注个性发展上来。

《人民教育》精品文丛，正是站在基础教育改革发展的最前沿，围绕以上重大课题、重要使命，组织国内顶尖专家、优秀校长教师，提供前沿思想理念和脚踏实地的解决方案。《新时代学校使命》一书，由社评和《人民教育》核心议题的前言构成，高度凝练了对当前教育问题的思考，包括教育自信、教育质量观、核心价值观教育、美育、教育活力，等等。《身体教育学》一书，力图借助"身体教育学"这个最新概念，以整体的观念来推动全面发展。《核心素养的中国实践》一书，期待带动整个基础教育质量观的变化，以适应未来对人才和教育的要求。《名校的那些"秘密"》一书，以活生生的案例来展示学校社会主义核心价值观教育、培养文化自信、落实立德树人根本任务的管理、课程、空间设计等诸多实践路径。《还可以怎样学习》一书，聚焦近年来学生发展素养目标的变化，以全球视野介绍更广阔、更多样、更有效的学习方式。《"好校长"是怎样炼成的》一书，专注于校长的价值领导力、课程领导力、教师领导力和沟通领导力等核心要素的实践解读。《老师，你为什么不再进步了》一书，关注教师的成长与高原期突破。《朝向心灵伟大的教师》一书，汇集教育界、文化界及商界名人的成长故事和教育故事，力图为校长教师打开新的窗口，从社会的角度来看教育。

第二，丛书集中展现了中国教育实践经验与智慧，引导读者建立和提升教育自信。

中国教育质量迅速提升的一个重要秘密，就是中小学的每一堂课，都在努力体现国家战略、国家意志，国家顶层设计与一线微观实践高度融通呼应。

对美好生活的渴望，对美好教育的热烈追求，是中国教育成功的重要动力。纵观中国基础教育改革开放 40 年来的历程，对美好教育的追求，成为教育发展、教育工作者改革创造的重要驱动力。这套丛书中提炼的好学校、好校长、好教师的改革经验，无不是在回应广大人民群众对美好教育的殷切期盼。

与时代潮流合拍，创造高品质的教育，是教育改革的重要经验。近年来，中小学涌现了一大批好校长、好教师，就在于他们敏锐地抓住了时代发展的脉搏，大力提升自己的政治素养，养成法治思维，涵养博大的精神世界，从宏观上保障了教育教学改革的正确方向。同时，近年来中国基础教育改革的一个关键突破点，是从主要关注教学方式层面的改进转向学校整体层面的变革，体现了与新时代精神的密切呼应。

从这套丛书中还可以看到如国家认同教育、核心价值观教育、优秀传统文化教育、学校文化、课程构建与优化、选课走班制度等方面的具体操作经验。这些都是我们的中小学扎根中国大地实实在在干出来的智慧结晶，是中国基础教育之所以卓越的重要因素，也是我们教育自信的来源，值得学校校长、教师认真研读、借鉴。

第三，丛书呼吁教育工作者乘着新时代的东风，办伟大的学校，做伟大的校长和教师。

伟大的学校，不是仅仅为升学服务的学校，而是要为学生未来创造美好生活的学校。美好生活，不仅意味着谋生就业能力，也意味着正确的价值观，丰富的精神世界，厚重的家国情怀，强烈的社会责任感，健康的自我调节能力，和谐的人际交往能力。伟大的学校，也不仅仅是学生成长的乐园，还应该是教师的人生幸福所在。教师的幸福与学生的发展密切相关。只有当教师从心底里认同教师职业，才能真正参与到学生的成长之中，也才能获得自身职业价值的实现，收获作为教师的幸福。伟大的学校，善于激发教师的职业热情，帮助教师获得成就感。这也是《名校的那些"秘密"》等书揭示的秘密所在。

伟大的校长，其领导力不仅体现在过硬的政治素质、坚持正确的办学方向上，还体现为优良的道德品质，更要有教育的定力，"习惯于择高处立，寻平处坐，向宽处行，务实，求稳，但内心却向往教育的理想，一切为了民族的未来"。伟大的校长，是善于成就教师的校长。李烈感言："当我哪一天不再做校长时，如果老师们在背后这样说：'李烈当校长的时候，我们是真的在快乐地工作着'，那就是对我最高的褒奖了。"伟大的校长还应是优秀的学习者，善于在繁忙的事务间隙，终身学习，反思完善。在工作中，伟大与平庸的区别往往在于能否不断注入生命的激情，能否不断发现心灵伟大的教师和存在无限发展潜能的孩子。

伟大的教师，首先是一个精神灿烂的人。教师是深度参与学生精神生活的引领者。无论是做"四有"好老师，还是做好"引路人"，教师自身的精神修养是前提，这包括坚定的理想信念、崇高的道德修养、对丰富个性的包容、对人的发展性的充分认识、传递正能量的意识和能力、沟通的艺术、自我情绪管理，等等。善于发现美是他们共同的特质。他们还是一群积极回应环境的人，能够敏锐地发现新问题，通过学习、思考、行动来调整自己，跟着时代一同进步。这些伟大教师的特质，读者可以从《老师，你为什么不再进步了》《朝向心灵伟大的教师》等书中充分感受。

中国社会正处在全面深化改革、实现中华民族伟大复兴中国梦的进程中，社会转型、技术变革等都给基础教育提出了严峻挑战，教育工作者如何看待新情况、解决新问题，考验着我们队伍的素质，更考验我们的学习能力。2013年，习近平总书记在中央党校建校80周年庆祝大会暨2013年春季学期开学典礼上的讲话中指出，"要依靠学习走向未来""只有加强学习，才能增强工作的科学性、预见性、主动性，才能使领导和决策体现时代性、把握规律性、富于创造性"。愿读者在这套丛书中，能够充分感知新时代对我们提出的使命和要求，了解我国基础教育改革发展的基本脉络，把握学校办学的正确方向和科学规律，发展和培育伟大学校、伟大校长、伟大教师成长的"基因"，立志办伟大的学校，做伟大的校长和教师，为伟大的时代贡献自己的价值。

2018 年 7 月

（作者系中国教育报刊社党委书记、社长）

序
核心素养实践的中国智慧

成尚荣

我们对《人民教育》杂志有一种信任感，因为它总是在教育改革的关键时刻，对关键问题给我们以鲜明的方向感，而方向的引领又以专业的方式来呈现。《人民教育》的思想引领、专业引领是准确的、有效的，具有权威性。对学生发展核心素养的讨论与实践正是这样。

2014年，教育部颁发了《关于全面深化课程改革　落实立德树人根本任务的意见》，其中第一次提出一个崭新的概念——核心素养，并将核心素养置于深化课程改革、落实立德树人目标的首要位置。《人民教育》以特有的敏感性关注这一话题，并将这一话题以教育改革主题的方式，组织普遍而深入的讨论。第二年，编辑部就以编者按的形式指出，"这个概念体系正在成为新一轮课程改革深化的方向""国际上长达20多年的研究表明，只有找到人发展的'核心素养体系'，才能解决好有限与无限的矛盾；只有找到对学生终生发展有益的DNA，才能给学生打下坚实知识技能基础的同时，又为未来发展预留足够的空间"，观点鲜明而坚定，文字洗练而极富感召力。校长们、教师们是认同的，是喜欢读的，并作出了积极的应答。紧接着，《人民教育》深入观察，深刻思考，精心策划，持续设计，对核心素养分专题讨论。直至今天，关于核心素养的报道从未停止，表现了编辑部对教育改革的远大的眼光、开阔的视野和坚定的意志，其政策性之强、方向性之明、专业引领性之高，令我们钦佩。

这本集子正是 5 年多来《人民教育》关于核心素养讨论以及实践文章的汇集，是文萃，更是思想的精粹，也是实践的典型案例的荟萃。集子取名为"核心素养的中国实践"，是指思想精粹聚焦于实践，转化为实践，进而引领实践。值得注意的是："中国实践"凸显中国国情，彰显中国特色，其要旨是探索并逐步建构核心素养的中国实现方式，成为具有中国气派的中国模式。书名透出了教育的民族自信与自豪，具有强烈的召唤力和鼓舞性，"核心素养的中国实践"本身就是一种文化符号。

《核心素养的中国实践》有着鲜明的特点，归结起来就是：从"准备好了吗"到"核心素养落地难点的突破"。这是个过程，但告诉我们，只要准确把握、认真实践，就会从"准备"出发，让"准备"成为现实；我们应该用行动让核心素养在课改、教改中落地，并进一步推进课改与教改。它显现了以下具体特点。

其一，真切的提问引发深切的关怀。施久铭先生在文中有个大气的标题："站在为未来而改变的门槛上"。其实，这是个提问，标题的后半句应是：我们看到了什么，想到了什么，准备做什么。显然，核心素养成了走向未来的门槛，我们不能只站在门内瞭望，看到美丽多彩的风景，更为重要的是跨出一步，参与到风景的建设与描绘中来。但是，跨出去必须改变自己，抑或说跨出去便是一种改变，而改变则是开始新的变革旅程。这是一种对课改、对教师的深切关怀。久铭先生说："'核心素养'提醒我们，回到育人原点，思考学校课程的出发点。"没有洞察力、反思力，不可能有这样的判断。"中国实践"需要"中国式的关怀"。

其二，以立德树人为根本任务，探索课程育人、教学育人模式。立德树人是中国践行核心素养的实质，是核心素养的核心旨归。《人民教育》杂志始终把核心素养的讨论聚焦于立德树人的根本任务，从这个视角看，核心素养不是学生发展的最终目的，而是落实立德树人这一根本任务、核心旨归的举措。这是中国实践的又一显著特征，以这样的表达引导中国实践，着力研究、解决三个问题：培养什么样的人，怎样培养这样的人，为谁培养这样的人。三个问题的答案十分明确：培养社会主义事业的建设者与接班人。不过，这一回答还应再提升，那就是党的十九大提出的要培养担当民族复兴大任的时代新人。中国表达、中国实践，具有中国境界。《人民教育》正是在这方面发挥了引领作用。

其三，重构中国课程改革的未来图景，让中国实践成为走向未来的中国教育方案。以立德树人为根本任务，必然要对中国课程改革所引发的未来图景进行思考，在思考中深入，在实践中重构。书中所选用的华东师范大学杨向东教授的文章《核心素养与我国基础教育课程改革的关系》，非常好地回答了这一问题——核心素养是基于中国基础教育课程改革和发展实际的再创造，基于核心素养的课程改革会带来课程改革的突破与超越，具体表现为：解决"三维目标"的割裂问题，促进学习方式和教学模式的变革；改变当前课程标准以内容标准为主线的模式，创建以核心素养为纲的现代课程标准；学科核心素养的提出，是基于中国国情的理论创新；等等。这一图景既是未来的，也是当下的。

其四，《核心素养的中国实践》具有国际视野，与世界教育潮流相融合。核心素养话题具有国际性、全球化的色彩。《人民教育》杂志非常关注国际上课改教改的潮流，书中对美国、日本和新加坡21世纪素养教育实践的介绍，让中国实践打开了大门，回应着世界教改的声音，彰显了中国的实践智慧。这始终是《人民教育》的大视野、大格局，以及理论上的高格调。

总之，《核心素养的中国实践》值得一读，它所表达的中国实践智慧将会影响当下的实践，也会影响世界的课程改革。它将会成为中国教育改革、课程改革的一份重要文献。

（作者系原国家督学，教育部中小学教材国家审查委员会委员）

核心素养的"核心"关系

核心素养：为了培养"全面发展的人"

施久铭

　　教育部《关于全面深化课程改革　落实立德树人根本任务的意见》（以下简称《意见》）于 2014 年 3 月 30 日正式印发，这份文件中有个词引人关注：核心素养体系——

　　研究提出各学段学生发展核心素养体系，明确学生应具备的适应终身发展和社会发展需要的必备品格和关键能力，突出强调个人修养、社会关爱、家国情怀，更加注重自主发展、合作参与、创新实践。

　　核心素养体系被置于深化课程改革、落实立德树人目标的基础地位，成为下一步深化工作的"关键"因素。那么，核心素养到底是什么？为什么会被放在如此重要的位置？它究竟会起到什么具体的作用？

提升人才培养质量的关键环节

　　核心素养体系的提出，并非我国单独的声音，而是一种世界趋势。

　　20 世纪初，经济合作与发展组织（OECD）率先提出了"核心素养"结构模型。它要解决的问题是：21 世纪培养的学生应该具备哪些最核心的知识、能力与情感态度，才能成功地融入未来社会，在满足个人自我实现需要的同时推动社会发展？

多年来，不同国家或地区都在作类似的探索。比如，美国对核心素养的关注起源于注重知识创新的高新企业团队，这些企业把用人所遇到的问题反馈到教育中，指出基础教育要注重培养学生的哪些能力和素质，他们称之为"技能"。这些技能不是简单、具体的，而是在 21 世纪里必需的生存技能，是当今社会每个人都应该掌握的内容。再如，从 2009 年起，日本国立教育政策研究所启动了为期 5 年的"教育课程编制基础研究"，它关注"社会变化的主要动向以及如何有效地培养学生适应今后社会生活的素质与能力，从而为将来的课程开发与编制提供参考和基础性依据"。从 2005 年开始，我国台湾地区启动了核心素养研究，确立了专题研究计划——"界定与选择核心素养：概念参考架构与理论基础研究"（Definition and Selection of Competencies: Theoretical and Conceptual Foundations，简称 DeSeCo 计划）。

分析核心素养提出的背景，我们可以得到这样的启示：无论是由政府主导还是由民间组织来推动，全世界范围内核心素养研究的兴起和发展与时代发展、社会变革密切联系在一起，它面向教育体系外的社会需求，是教育变革与发展的国际趋势。我国也不例外。随着时代发展，国际竞争日趋激烈，社会对人的综合素养和创新能力提出了更高要求，教育面临着更大挑战。

同时，经过多年教育改革，素质教育成效显著，但"与立德树人的要求还存在一定差距"，主要表现在，"重智轻德、单纯追求分数和升学率，学生的社会责任感、创新精神和实践能力较为薄弱"。

具体到课程领域，体现为"高校、中小学课程目标有机衔接不够，部分学科内容交叉重复，课程教材的系统性、适应性不强；与课程改革相适应的考试招生、评价制度不配套，制约着教学改革的全面推进；教师育人意识和能力有待加强，课程资源开发利用不足，支撑保障课程改革的机制不健全"。

教育要回应发展的难题和挑战，必须有新的应对措施。

构建核心素养体系便是试图从顶层设计上解决这些难题。它的构建"使学生发展的素养要求更加系统、更加连贯"，重点要解决两个问题："一是把对学生德、智、体、美全面发展总体要求和社会主义核心价值观的有关内容具体化、细化，转化为具体的品格和能力要求，进而贯穿到各学段，融合到各学科，最后体现在学生身上，深入回答'培养什么人、怎样培养人'的问题。二是为衡量学生全面发展状况提供评判依据，引导教育教学评价从单纯考查学生的基本知识和基本技能转向考查学生的综合素质。"教育部基础教育二司司长郑富芝介绍。

核心素养体系的构建，成为顺应国际教育改革趋势、增强国家核心竞争力、提升我国人才培养质量的关键环节。

强调跨学科，更重视综合素养

何为核心素养？它与过去我们所强调的知识、技能等是什么关系？

核心素养是最关键、最必要的共同素养。杭州师范大学教育科学研究院院长张华教授认为，"核心素养不是只适用于特定情境、特定学科或特定人群的特殊素养，而是适用于一切情境和所有人的普遍素养，这就是'核心'的含义"。

在个体终身发展过程中，每个人都需要许多素养来应对生活的各种情况，所有人都需要的共同素养可以分为核心素养以及由核心素养延伸出来的素养。其中，最关键、最必要、居于核心地位的素养被称为"核心素养"。

义务教育生物课程修订组负责人、北京师范大学生命科学学院刘恩山教授认为，"核心素养是一种跨学科素养，它强调各学科都可以发展的、对学生最有用的东西。比如核心素养中语言素养的概念，已经不是语文学科的概念，也不是外语的概念，这里如果使用'技能'概念定位可能会低一点，但对它的特点可以说得非常清楚，它的特点是有效的表达和交流，其实是一种广义的语言概念，作为有效的表达和交流，远超语文的范畴"。

核心素养也是知识、技能和态度等的综合表现。它是知识、能力、态度或价值观等方面的融合，既包括问题解决、探究能力、批判性思维等"认知性素养"，又包括自我管理、组织能力、人际交往等"非认知性素养"。

并且，"素养"一词的含义比"知识"和"技能"更广。"'技能'更多地从能力角度讲，我们所提'素养'不仅仅包括能力，更多考虑人的综合素养，特别是品德上的要求。这也符合我们的国情，落实起来更好一些。"刘恩山说，"我们如果强调知识的话，大家都会重视知识，强调能力的话也会一窝蜂，这个时候提出这个话题，兼顾了知识和能力，具有导向性。"

用核心素养来梳理培养目标，可以矫正过去"重知识，轻能力，忽略情感、态度、价值观的教育偏失"。

核心素养的获得是后天的、可教可学的，具有发展连续性，也存在发展阶段的敏感性。福建师范大学教师教育学院院长、基础教育课程研究中心主任余文森教授认为，"核心素养是最基础、最具生长性的关键素养，就像房屋的地基，它决定房屋的高度。核心素养的形成具有关键期的特点，错过了关键期就很难弥补"。

核心素养的作用以整合的方式发挥出来。尽管核心素养指标的内涵不同，发挥着不同作用，但彼此作用并非孤立，在实践中表现出一定的整合性。

例如，OECD 指出，核心素养总框架包含了一系列具体指标，它们是整合在一起的，只不过在不同情境下各指标表现的程度不同。

澳大利亚梅尔委员会也提出，任何核心素养指标本身不构成一套独立体系，为了完成某一目标，素养应通过整合的方式发挥作用。

"核心素养的习得与养成必须具有整体性、综合性和系统性，这也决定了对它的测量与评价必须具有综合性和发展性，对课程设计与开发、教育质量评价技术等提出了新挑战。"张华认为。

核心素养体系将对课程、教学产生什么影响

一线教师最为关心的是核心素养与课程标准的关系，具体而言，就是核心素养体系将会对课程、教学产生什么影响？

据《意见》介绍，核心素养体系将成为课标修订的依据。

在张华看来，对核心素养的研究将会对我国课程目标的进一步科学化产生影响。因为"长期以来，我国确定课程目标以及各级各类教育目标的时候，习惯于将国家政策文件中的相关话语直接移植过来。这既导致课程目标或教育目标缺乏科学性且无法检测，沦于空泛与抽象，不能有效指导

教育实践，又导致课程目标或教育目标缺乏针对性，无法适应不同年龄阶段学生的发展需求"。他期待，在适时引入"核心素养"这一体系后，课程目标能够进一步实现科学化。

刘恩山则认为，核心素养提出后，"目标更明确，因为这些要素提得更鲜明，它会把国家的教育方针突出表现在核心素养上，我们就可以在这个框架内更明确地定位学科教育。每个学科把这件事情做好，就可以更好发挥出学科课程的价值"。他进一步解释，"它可以清晰地提示你，生物学或者其他理科，在科学素养之外能做什么，比如，生物学里有没有语言素养或数学素养的问题？过去很多人没有去考虑，今天作为一种核心素养提出，语言素养、表达交流的能力也要落实到生物学习中，所以我们要组织学生去合作学习，去自主探究学习，这个过程中伴随着语言、人际交往的目标"。

"原来的学科任务仍然在课程标准之中，在同样的课程框架里，如果把这个框架比喻为一栋4层的大楼，每层代表不同的学段，我们可以装入新的设备，让大楼变得更加现代化或者功能更加完善。原来的办公系统、上下水系统都在，但加入了电子传感系统，让大楼的信息沟通、时间利用率会变得更高，这些东西可能不是我原有的东西，它们就是核心素养。"

同样，这套系统可以加入生物学科，也可以加入历史学科，各学科都具有这样的功能，整个功能合在一起，就是核心素养。所以，"它不仅仅是单一学科的，还要有一些辅助材料来支撑，彼此都撑起来后，就会变得更好。我觉得学科素养和核心素养是相辅相成的，核心素养的落实会强化学科素养，学科素养又为核心素养的学习提供了一个平台"。刘恩山说。

在核心素养指标体系的总框架完成后，如何基于指标体系确定各学段的核心素养及其表现特点，从学生发展的角度做好不同学段核心素养的纵向衔接，就成为核心素养最终落实和培养的重要环节。

为了实现核心素养与各学科课程的有机结合，教育部将组织研究小学、初中、高中和大学四个学段核心素养具体指标的主要表现及水平特点，实现核心素养指标体系总框架在各学段的垂直贯通。

"下一步需要在总框架的基础上进一步深入到各个学段，从素养发展的角度提出各学段学生在不同核心素养指标上的表现特点和水平，把指标体系具体化到各学段，确定核心素养在不同学段的关键内涵。"教育部基础教育二司副司长申继亮介绍。

（感谢学生发展核心素养研制课题组对本文写作的帮助）

（作者单位系《人民教育》杂志）

（文章原刊于《人民教育》2014 年第 10 期）

核心素养：重构未来教育图景

《人民教育》编辑部

2014 年 3 月，一个崭新的概念——"核心素养"，首次出现在国家文件中。在教育部印发的《关于全面深化课程改革　落实立德树人根本任务的意见》中，"核心素养"被置于深化课程改革、落实立德树人目标的基础地位。今天，这个概念体系正在成为新一轮课程改革深化的方向。

为什么要提出核心素养？

党的十八大提出，要把立德树人作为教育的根本任务。但立德树人靠什么来落小落细落实呢？这是个问题。

曾几何时，知识本位、应试教育填满了学校生活的缝隙，师生争分夺秒，为的是获取更多的知识。然而，当知识以几何级态势增长，这种方式还能奏效吗？

人们意识到，知识教学要"够用"，但不能"过度"，因为知识教学过度会导致学生的想象力和创造力发展受阻。

教育不能填满学生生活的空间，要留有闲暇。因为学校教育绝不是给人生画上句号，而是给人生准备好必要的"桨"。

更新知识观念是一种世界趋势。国际上多数国家、地区与国际组织都认为，以个人发展和终身学习为主体的核心素养模型，应该取代以学科知识结构为核心的传统课程标准体系。

国际上长达 20 多年的研究表明，只有找到人发展的"核心素养体系"，才能解决好有限与无限的矛盾；只有找到对学生终身发展有益的 DNA，才能在给学生打下坚实知识技能基础的同时，又为未来发展预留足够的空间。

那么，"核心素养"到底是什么？

不同于一般意义的"素养"概念，"核心素养"指学生应具备的适应终身发展和社会发展需要的必备品格和关键能力，突出强调个人修养、社会关爱、家国情怀，更加注重自主发展、合作参与、创新实践。从价值取向上看，它"反映了学生终身学习所必需的素养与国家、社会公认的价值观"。从指标选取上看，它既注重学科基础，又关注个体适应未来社会生活和个人终身发展所必备的素养；不仅反映社会发展的最新动态，同时注重本国历史文化特点和教育现状。在我国，社会主义核心价值观包含了国家、社会、公民三个层面的价值准则。因此，从结构上看，基于中国国情的"核心素养"模型，应该以社会主义核心价值观为圆心来构建。此外，它是可培养、可塑造、可维持的，可以通过学校教育而获得。

落到学校教育上，还须解决一个关键问题：它同学科课程教学是什么关系？

一方面，核心素养指导、引领、辐射学科课程教学，彰显学科教学的育人价值，使之自觉为人的终身发展服务，"教学"升华为"教育"；另一方面，核心素养的达成，也依赖各个学科独特育人功能的发挥、学科本质魅力的发掘，只有乘上富有活力的学科教学之筏，才能顺利抵达核心素养的彼岸。

核心素养还是学科壁垒的"溶化剂"。以核心素养体系为基，各学科教学将实现统筹统整。比如"语言素养"，它并非专属语文一家，体育课也有——有可能只是手势和眼神，一个快球、快攻就发动了。现代社会中，人们有效交流的非文字信号能力也是"语言素养"。

对于教师而言，这是个巨大挑战。首先是观念转型——教师要从"学科教学"转向"学科教育"。学科教师要明白自己首先是教师，其次才是教某个学科的教师；首先要清楚作为"人"的"核心素养"有哪些，学科本质是什么，才会明白教学究竟要把学生带向何方。

这也是从"知识核心时代"走向"核心素养时代"的必然要求。

基于"核心素养"完善学业质量标准，还可能改变中小学评价以知识掌握为中心的局面。一个具备"核心素养"的人与单纯的"考高分"并不能画等号。它还将对学习程度作出刻画，进而解决过去基于课程标准的教学评价操作性不足的问题。

　　当然，它不仅挑战我们现有的课程设计与评价体系，同时也拷问着校长和教师的教育素养，从概念到行动，从"知识至上"转向以核心素养为导向，您准备好了吗？

（文章原刊于《人民教育》2015 年第 07 期）

以社会主义核心价值观为中心构建我国学生核心素养体系

辛涛　姜宇

人不学，不知义。做什么人，立什么志，具备什么样的道德素养，拥有什么样的世界观、人生观和价值观，教育是关键。《国家中长期教育改革和发展规划纲要（2010—2020年）》把坚持"德育为先，能力为重，全面发展"作为未来教育发展的战略主题，怎样落实社会主义核心价值观是当今教育改革中值得深入讨论的重要话题。

我们认为，以社会主义核心价值观为中心构建我国学生核心素养体系，依据学生核心素养进行教育教学改革，用学生核心素养指导课程改革和教育评价，是落实社会主义核心价值观教育的根本途径。

一、构建学生核心素养体系是落实社会主义核心价值观的客观要求

培育和践行核心价值观是国民教育的基本任务，而如何将其融入国民教育的全过程，对当前教育改革提出了新要求。构建学生核心素养体系是推进社会主义核心价值观融入国民教育全过程的第一步。

（一）国际上核心素养研究的趋势与启示

近年来，世界教育改革浪潮中，教育标准的形式逐步发展变化，以个

人发展和终身学习为主体的核心素养模型逐渐代替了以学科知识结构为核心的传统课程标准体系。世界各国（地区）与国际组织相继构建了学生核心素养模型。

总结国际上核心素养研究的经验，我们能得到哪些启示？

首先，以学生核心素养推进教育改革与发展是当今教育领域的趋势。以学科知识为核心的课程标准是从具体学科出发，按照学科教学规律规定了教育过程应该满足的标准，解决的是"教什么"的问题；学生核心素养是从人的全面发展角度出发，体现了"促进人的全面发展、适应社会需要"，解决的是"培养什么样的人"的教育问题。[①] 基于这样的目的，核心素养是关于学生知识、技能、情感、态度、价值观等多方面能力的要求，是个体能够适应未来社会、促进终身学习、实现全面发展的基本保障。

其次，价值取向上，核心素养反映了学生终身学习所需的素养与国家、社会公认的价值观。国际上大多数国家认为教育主要有两个目标：培育个体和教育国民。各国的核心素养制定体现了明确的价值取向。一方面，要培育全面发展的人，教育必须承担培养、塑造儿童青少年能力与品行的责任，并最终使每个人发挥自己的才华和潜能，保持身心健康；另一方面，任何人不能离群而居，个人通过各自的贡献找到适当的立足点及保障。个人也肩负对社群的义务和责任，由此获得生命的意义，找到自己的定位。因此，教育必须培养年轻人的爱国情操和社会正义感。世界各国（地区）和国际组织对核心素养的界定都离不开国家、社会这两个视角。例如，经济合作与发展组织（OECD）的"素养的界定与遴选"（Definition and Selection of Competencies: Theoretical and Conceptual Foundations，简称 DeSeCo）项目的核心素养可以分为人与自己、人与工具、人与社会三个方面，而国际上其他核心素养模型分为个人的自我提升、终身学习等方面的素养和社交、沟通等社会技能方面的素养。

再次，内容结构上，学生核心素养体系注重系统性，各具特色。选取

---

① 辛涛、姜宇、王烨辉：《基于学生核心素养的课程体系建构》，《北京师范大学学报（社会科学版）》，2014 年第 1 期。

核心素养是一个系统化的过程，尽管核心素养的指标不尽相同，其目的都是要培养全面发展的人和建立健全的社会。国际上的核心素养模型都有较为严密的体系和完整的结构。OECD 的 DeSeCo 项目所建构的核心素养为并列交互型：共 9 个二级指标，分为人与自己、与工具和与社会三个维度，维度间的关系是相互交融的。许多国家和地区沿用 OECD 核心素养的框架，也为并列交互型。美国的"21 世纪技能"是整体系统型：以核心素养为中轴，包括学习内容的科目与主题、学习结果的指标以及强大的学习支持系统；核心素养辐射影响了教育的各个环节，融入整个教育体系。新加坡学生核心素养模型结构是同心圆型：以核心价值观为核心，发展出与完善自我相关的能力素养和未来社会所需要的素养，共三个维度。此外，日本"21 世纪型能力"的核心素养结构是发散型：内核是基础能力，中层为思维能力，最外层是实践能力。

（二）构建核心素养体系要体现社会主义核心价值观的要求

结合国际经验，我国在学生核心素养的构建中要体现以下几方面要求：

其一，在指导思想和价值取向上，学生核心素养建构要体现社会主义核心价值观的要求。DeSeCo 项目确立的核心素养的功能是实现个体成功的生活和健全的社会。国际上许多国家和地区核心素养的研制也是从这两个方面展开的。成功的个体生活和国家、社会是分不开的，三者在核心素养体系中目标是一致的。所以，核心素养的功能不仅要促进学生的全面发展，还要体现国家与社会对儿童青少年的价值期望。社会主义核心价值观囊括了当前个人、社会、国家的价值要求，以此为学生核心素养的指导思想和价值取向，不仅能落实党和国家的教育目标，也与国际上核心素养的功能定位相一致。

其二，在内容结构上，学生核心素养可以采取同心圆型，核心价值观应居于圆心。核心价值观应成为学生核心素养的重要组成部分，而不仅仅是作为指导思想。在核心素养模型中，新加坡是以核心价值观作为内核构建的。价值观决定一个人的性格特征，并能塑造个人的信仰、态度及行动。根据这一主旨，"核心价值观"维度包含了"尊重、责任、正义、关怀、适应力、和谐"6个一级指标。借鉴新加坡的经验，我国学生核心素养的结构可以采用同心圆型，将社会主义核心价值观居于圆心。

其三，在遴选原则上，学生核心素养要充分体现社会主义核心价值观的要求。在指标选取上，应把握以下三个原则：学生的核心素养应该是可培养、可塑造、可维持的，并且可以通过学校教育获得；核心素养是对每一个个体和整个社会都具有积极意义的重要素养；核心素养遴选应与时代接轨，同时注意我国教育文化背景[①]。

二、课程是培养学生核心素养、落实核心价值观教育的根本途径

将培育和践行核心价值观融入国民教育全过程的关键在课程。核心价值观细化为学生核心素养只是第一步；而将核心素养落实在教育教学过程中，转化为学生自身的基本素质和能力，需要课程作为桥梁。可以说，课程建设是培养学生核心素养、落实社会主义核心价值观的根本途径。

（一）意义：解决价值观教育的现实困境

学生核心素养指导的课程建设为解决价值观教育的现实困境提供了路径。

首先，可以使品德与价值观教育有的放矢。在传统的以课程标准和学科知识为主的德育体系中，德育课程的主要教学内容就是优秀的道德品质本身，内容和形式单一。核心素养体系将"培养社会主义接班人"这一教育目标细化，将德育的目标具体化为每一个年龄段应该达到的较为精细的目标，增强了德育的可操作性。在核心素养体系指导下修订德育课程内容，将道德、价值与未来社会所需要的素养相结合，更有助于促进教师和学校德育课程的具体化。

其次，可以使品德与价值观教育更好地和其他科目融为一体。在传统的德育体系中，德育只与思想品德课一门课程相关。实际上，品德和价值

---

① 辛涛、姜宇、刘霞：《我国义务教育阶段学生核心素养模型的构建》，《北京师范大学学报（社会科学版）》，2013 年第 1 期。

观教育不能也不应该排除在各科学习之外。在语文、数学、科学、艺术等课程的教学过程中，也能够实施德育和美育，从而促进学生全面发展。核心素养体系不以学科知识体系为核心构建，而是以学生终身发展和社会对学生的期望为目标，这样的价值导向能够促成学生知识、技能、情感、态度、价值观的统一，发挥学科育人的合力。

最后，可以促进不同年龄阶段的思想品德课程相互衔接，形成整体。品德和价值观教育是一个循序渐进、一脉相承的过程。在传统的德育体系中，每个学段都有德育目标，而这些目标没有严格的顶层设计将其统一起来。不少学者诟病当前的德育是小学学习热爱祖国，而大学却要重新学习自己的事情自己做。从发展学生核心素养出发进行德育课程建设，就是要统筹品德和价值观教育的目标，将其细化进不同的年龄段。按照儿童青少年的身心发展规律，使每一个年龄段在某一道德品质或素养方面得到应有的发展，并能够一以贯之。

（二）途径：基于核心素养体系进行课程建设

第一，基于核心素养体系修订品德与价值观教育内容框架。在核心素养体系下讨论品德与价值观教育旨在给学生传授价值观和建立国家、社会与情绪素养，使学生发展为一个良好的个体和对社会有用的公民，以应对当今社会变革与全球化进程。例如，新加坡的核心素养模型中，在核心价值观的指导下，品德和公民教育分为三大教学内容以及六大学习领域（如表1所示）：身份、关系和选择三大教学内容，是教学大纲的核心概念，三者之间相互联系且相互影响。学生需要知道它们是谁，以便与他人建立更积极的关系。它们形成的关系塑造着他们的身份，选择的能力又影响着他们理解自身的身份和建立关系。以此为基础的品德和价值教育更加细化，容易落实，贴近学生生活，应用性更强，更适应未来社会的发展。

第二，基于核心素养体系促进学科融合，让各学科发挥育人合力。价值观教育是"润物无声"的过程。核心素养是以人的素养为核心，以此推进课程改革，有助于打破学科界限，促进跨学科能力素养的培养，发挥育人合力。比如，日本国立教育政策研究所2012年发布的教育课程编制基础

表 1 新加坡品德与公民教育大纲

核心价值观	三大观念	领　域
尊重	身份认同	自我：我是谁，成为我能成为的人
责任		家庭：加强家庭联系
适应力	关系	学校：培养健康的友谊和团队精神
正义		社群：理解社群，建立一个包容性的社群
关怀	选择	国家：发展国家身份认同感和建设国家
和谐		世界：在全球世界中成为一个积极公民

研究报告指出，基于培养完整的人，要制订以核心素养为支柱的未来教育课程方案。新课程方案融通了智力发展与道德教育，将思考力（知）与道德性（心）关联了起来。在这个框架下，德育和价值观的培养不再是单独的课程内容，而是融合在各个学科的学习中（见图1）。

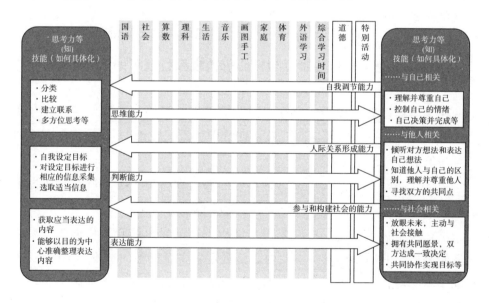

图 1　人格的形成，对生命、人类的尊重等

第三，基于核心素养体系指导教学建议和教学关键过程，落实素养和价值观教育。一直以来，特别是新课标颁布之后，各个学科在教学过程中不仅要传授知识和技能、过程与方法，还强调培养学生的情感、态度、价值观。然而，在以学科知识体系为核心的课程标准中，教学内容规定得十

分明确，教学过程和教学建议却较为弱化；知识与技能有清楚的规定，而过程性的价值观教育却没有提供明确的指导。

基于核心素养体系的课程建设可以提出较为具体的教学建议和教学关键过程，使教师在教学实践中有章可循。例如，日本基于素养的课程标准配套材料中，将语言沟通能力的教学过程建议确定为"在授课时将教师一齐授课介绍教学内容，改为两人一组相互讨论，或使用便签进行小组讨论，或使用白板进行小组讨论。这样不仅可以让学生产生自己的观点，而且还有助于理解他人观点，发现各种观点的异同"。"需要讲演的教学内容，将仅由教师来说明教学内容，改为由学生来讲授教学内容，或学生制作海报等张贴物报告教学内容，或通过集体讨论来表达教学内容。这样促进学生主动表达自己的立场、结论，促进学生尊重对方的观点和立场。以上建议可以在科学、数学、社会等课上进行。"

三、教育评价是检验核心素养与核心价值观教育成果的重要手段

除了课程设置、课程内容等方面的原因外，当前德育和价值观教育实施效果不好还有一个重要原因，就是评价中"重智轻德"，缺乏行之有效的德育与价值教育评价方法。

构建核心素养体系为探索合理有效的教育评价奠定了基础，它所提出的核心素养可以作为衡量教育质量的关键指标。

学业质量标准应当是核心素养与课程内容的有机结合。根据核心素养体系研制的学业质量标准，主要内容是规定学生完成不同学段、不同年级、不同学科学习内容后应该达到的程度要求，并以此指导教师准确把握教学的深度和广度，指导考试评价更加准确反映人才培养的要求。

使用基于学生核心素养模型的学业质量标准指导教育评价，可以促进评价打破学科内容限制，使跨学科能力评价成为可能。例如，"问题解决能力"是学生重要的素养之一，在科学、数学、社会等学科中都有体现，学业质量标准就是结合各个学科制定这一素养的分级能力表现，以实现素养和能力的评价，而品行、价值观、公民意识、身心健康等重要素养和能力

本身就是跨学科领域的，需要研制学业质量标准才能有效地对这些素养进行测量与评价。

当前，教育质量评价已经不仅仅考查学生学业水平，也纳入了品德、心理健康、兴趣特长以及学业负担等指标，学生的综合素质评价也逐步纳入升学毕业等关键环节。而探索有效的品德评价方法和适宜的评价内容，仍是当前德育评价的重点工作。

基于学生核心素养的教育评价改革可以促进品德评价的展开。一方面，学生核心素养体现的是学生全面发展和社会的核心价值，并且是有结构、有层次、可培养的素养体系，可以指导品德评价的内容；另一方面，学生核心素养重视学生发展的过程，规定了不同阶段儿童青少年品德价值观发展的水平，可以给品德和价值观教育的评价提供依据。

［本文系教育部哲学社会科学重大攻关项目"义务教育阶段学生学业质量标准体系研究"（12JZD040）成果］

（辛涛单位系北京师范大学中国基础教育质量监测协同创新中心；姜宇单位系解放军后勤学院后勤政工教研室）

（文章原刊于《人民教育》2015年第07期）

基础性：学生核心素养之"核心"

成尚荣

学生核心素养（以下简称"核心素养"）的研究，关涉许多领域，其复杂性可想而知。和许多重大研究一样，如果能准确把握其中的关键，复杂程度也许会降低一点。那么，核心素养的关键是什么？是对核心素养"核心"的理解和把握。

所谓"核心"，指向事物本质，对事物全局起支撑性、引领性和持续促进发展的作用。从这一角度来理解，我以为，核心素养之"核心"应当是基础，是起着奠基作用的品格和能力。是"核心"的基础性决定着核心素养的内涵、重点和发生作用的方式。因此，完全可以说，核心素养就是基础性素养。基础性是核心素养的最根本特性，把握住基础性，才能把握住核心素养研究与发展的命脉。

基础性是核心素养的"核心"这一论断，可以从几个方面去认识。

这是由基础教育的性质和核心任务决定的。基础教育是为学生发展打基础的教育。基础是不可替代的，也是不可超越的。它的这两种特性，决定了中小学生核心素养应当坚定地着力于基础，着力于基础性素养。把握好这一点，有助于基础教育守住自己的边界，绝不能盲目"抬高"任务、好高骛远。基础教育一旦忽略了基础，哪怕只是一点点的轻慢，都有可能偏离基础教育的性质和任务。这样，核心素养从基础教育的性质和任务中获得依据，反过来又保证了基础教育性质和任务的实现。

这是由基础的特性所决定的。长期以来，基础总是与发展相隔绝，也总是与创新保持着线性的关联。这完全是对基础的误读。其实，基础内蕴着发展，应当认作是发展性基础，打好基础本身就意味着发展。必须重新定义基础，让发展、创新大踏步地走进基础，成为基础的题中应有之义。

目前，研究并明确学生核心素养是国际教育发展和课程改革的共同追求与趋势。从他们的研究来看，核心素养不约而同指向了基础性素养。联合国教科文组织于1996年发布的报告《教育：财富蕴藏其中》，界定21世纪公民必备的素养是学会求知、学会做事、学会共处、学会生存。几年前，加拿大形成的核心素养，他们称之为"九大基本核心技能"，即阅读能力、写作能力、文档应用能力、数学能力、计算机应用能力、思考能力、口语交际能力、与他人共事的能力、持续学习能力。这些素养都是基础性、基本性的。

在认识基础、基础性素养特性时，我们要注意：第一，基础是一个整体性概念，涉及方方面面，不应误以为既然是核心素养，就只能是那么几点或几条，一旦多了，就不是核心素养了，对此不必过虑。第二，基础本身是一种价值形态，坚持核心素养的基础性，抑或坚持核心素养就是基础性素养，正是坚持素养对学生发展价值的认同和追求。第三，基础虽是不可替代、不可超越的，却是可以再生的，可以再生出带得走的知识与能力。第四，我们应当建构这样的认识：基础性素养把学生带向未来，从某个角度看，基础性素养就是学生未来应该具备的素养。

不过，值得注意的是，基础的内涵绝不是一成不变的，而是随着社会的发展、科技的进步，和应着时代的要求，应答着世界的挑战。一如联合国教科文组织在提出"四个学会"以后，于2003年又提出了"学会改变"的基本素养，并将其视为终身学习、终身发展的第五支柱。他们认为，学习不仅可以适应改变，也能创造改变；学习是一种适应的机制，但也具有引发改变的能力。我们可以这么去认识，基础不仅是适应的机制，也应有引发改变的能力。由此，基础性素养的内涵在改变，尤其是创新素养，信息、媒介与技术素养，人际关系、跨文化和社会的素养等，都应成为基础，是核心素养中的有机内容。

这点特别重要。长期以来，我们对基础的认知存有偏差，误认为基础只是基础知识、基本技能，而且常常以基础的稳定性掩盖并否定基础的发展性。当我们在认识、发现基础内蕴着发展、创新元素的时候，千万不能忽略这些内蕴的发展、创新元素还需要开发，需要丰富，否则，它们就会悄然老去以至死去。正因如此，我始终认为，核心素养是一个发展的概念，既可以表述为"学生发展核心素养"，还可以表述为"学生核心素养发展"。总之，"发展"二字不能省略，它应是核心素养的生命力之所在。

　　当然，还有一个相当重要的问题：怎样打基础，以什么方式打基础？方式常常被称为解决问题的钥匙。合理方式的坚持运用，就会形成文化行为模式，而文化行为模式的改变，会带来新的发展和新的创造。以科学的方式、艺术的方式打基础，这是毋庸置疑的。其实，这些方式说到底是文化的方式，即是吸引人的方式、影响人的方式，而不是强制的方式、简单训练的方式。核心素养是在实践中形成并发展的，以文化的方式去打好基础，核心素养将会朝着理想的方向发展。

（作者系原国家督学，教育部中小学教材国家审查委员会委员）

（文章原刊于《人民教育》2015 年第 07 期）

中国学生发展核心素养：深入回答"立什么德、树什么人"

林崇德

学生发展核心素养，主要是指学生应具备的，能够适应终身发展和社会发展需要的必备品格和关键能力。核心素养是关于学生知识、技能、情感、态度、价值观等多方面要求的综合表现；是每一名学生获得成功生活、适应个人终身发展和社会发展都需要的、不可或缺的共同素养；其发展是一个持续终身的过程，可教可学，最初在家庭和学校中培养，随后在一生中不断完善。

从价值定位而言，学生发展核心素养是对教育方针中所确定的教育培养目标的具体化和细化，是连接宏观教育理念、培养目标与具体教育教学实践的中间环节。党的教育方针可以通过核心素养这一桥梁，转化为教育教学实践可用的、教育工作者易于理解的具体要求，进而贯穿到各学段，体现到各学科，最终落实到学生身上，明确学生应具备的必备品格和关键能力，从中观层面深入回答"立什么德、树什么人"的根本问题，用于指导人才培养具体实践。

核心素养研究如何既关注理论又反映民意

综合各国际组织、主要国家和地区的经验来看，构建核心素养总框架的研究思路主要有三种：自上而下型、自下而上型和整合型。其中，自上而下型主要基于演绎推理范式，先依据理论研究与文献分析，提出理论构想和内容框架，再通过实践加以修改完善；自下而上型主要基于归纳推理范式，先广泛征求民众和专业人士的意见，再在此基础上提炼核心素养框架和指标；整合型则兼具前两种思路的优点，既关注核心素养的理论分析，又反映民众的意见和期望，已逐渐成为各国开展核心素养研究的范式。

基于国际经验，立足我国国情，课题组采取整合型思路，融合演绎与归纳范式，运用文献分析法、个别访谈法、焦点小组访谈法、意见征询法、问卷调查法等定性与定量研究方法，开展核心素养的理论研究与实证调查，最终整合研究成果，形成学生发展核心素养总框架（研究总设计见图1）。

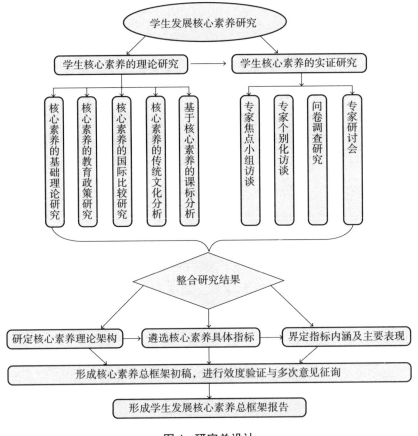

图 1　研究总设计

由于此项研究专业性强，必须基于对学生身心发展规律的科学认识，采取科学的程序和方法。研究工作历时3年，联合课题组由北京师范大学等多所高校的近百名研究人员组成。

2013年5月，北京师范大学会同多所高校近百位专家，联合开展"学生发展核心素养研究"。课题组成立以来，整体设计研究方案，系统开展研究工作，为总框架的建构提供理论支撑。通过基础理论研究，厘清核心素养的概念内涵与理论结构，准确把握核心素养的价值定位；开展国际比较研究，分析比较15个国际组织、国家和地区核心素养研究的程序方法、指标框架和落实情况；通过教育政策研究，梳理不同时期党和国家对人才培养的总体要求；开展传统文化分析，揭示中华优秀传统文化中修身成德的思想和传统教育对人才培养的要求；开展课程标准分析，了解现行课程标准中的核心素养相关表述，明确课标修订任务。同时，通过开展实证调查研究，深入了解社会对人才的需求，准确把握各界对核心素养的期待。课题组访谈了12个界别的608名代表人物，问卷调查了566名专家学者、校长和企业家等，汇总形成约351万字的访谈记录和大量调查数据，为建构符合国情特点和现实需要的学生发展核心素养框架提供实证依据。

在此基础上，课题组召开60余次专家论证会，结合理论研究和实证调查的主要结论，初步提出了核心素养总框架。此后，又召开20余次征求意见会，认真听取专家学者、管理干部、教研人员、一线教师和社会人士的意见建议，对总框架初稿进行修改完善。

经过一年多的努力，课题组提交了核心素养总框架初稿。2014年7月，教育部基础教育课程教材专家工作委员会对核心素养研究阶段性成果进行了审议。为作好核心素养与课程标准修订的衔接工作，2014年8月，呈请教育部基础教育二司委托专家工作委员会，组织课程、教学、评价、教研、管理等方面的研究力量，开展"核心素养与课程标准衔接转化研究"，重点基于核心素养总框架，研究核心素养在课程标准中落实的方式方法。2015年1月，专家工作委员会审议了衔接转化研究成果，赞同研究组提出的核心素养落实方式。

为确保核心素养的科学性和适宜性，2015年4月和2016年年初，两次呈请教育部基础教育二司将核心素养初稿及研究报告送教育部有关司局和单位征求意见。同时，正式征求了全国32个省级教育行政部门意见，并委托中国教育学会征求各省市教育学会和相关分支机构意见。此外，召开专题座谈会，听取一线教育实践专家意见。

核心素养是对素质教育内涵的丰富

中国学生发展核心素养以培养"全面发展的人"为核心，分为文化基础、自主发展、社会参与三个方面，综合表现为人文底蕴、科学精神，学会学习、健康生活，责任担当、实践创新六大素养，具体细化为国家认同等18个基本要点。

文化基础、自主发展、社会参与三个方面构成的核心素养总框架，充分体现了马克思主义关于人的社会性等本质属性的观点，与我国治学、修身、济世的文化传统相呼应，有效整合了个人、社会和国家三个层面对学生发展的要求。

责任担当等六大素养均是实证调查和征求意见中各界最为关注和期待的内容，其遴选与界定充分借鉴了世界主要国家、国际组织和地区核心素养的研究成果。六大素养既涵盖了学生适应终身发展和社会发展所需的品格与能力，又体现了核心素养"最关键、最必要"这一重要特征。六大素养之间相互联系、互相补充、相互促进，在不同情境中整体发挥作用。为方便实践应用，将六大素养进一步细化为18个基本要点，并对其主要表现进行了描述。根据这一总体框架，可针对学生年龄特点进一步提出各学段学生的具体表现要求。

中国学生发展核心素养紧紧围绕立德树人的要求，坚持以人为本，遵循学生身心发展规律和教育规律，重视理论支撑和实证依据。具体来看，它主要有以下三个主要特点。

一是彰显了中国特色。与其他国家和地区的核心素养相比，根植于中华民族文化历史的土壤，系统体现中国特色社会主义核心价值观要求，明确把国家认同作为基本要点，突出了宽和待人、孝亲敬长，热爱中国共产党、具有中国特色社会主义共同理想等中国特色鲜明的素养。

二是体现了时代特征。它提出了具有工程思维、适应"互联网＋"趋势、理解人类命运共同体的内涵与价值等时代特色鲜明、反映新时期人才培养要求的素养。

三是强调了整体要求。它系统体现了德、智、体、美诸方面的基本要求，素养内涵界定坚持必备品格与关键能力的有机统一，每种素养既具有品格属性，又具有能力特征。

素质教育作为一种具有宏观指导性质的教育思想，主要是相对于应试教育而言的，重在转变教育目标指向，从单纯强调应试应考转向更加关注培养全面健康发展的人。核心素养是对素质教育内涵的具体阐述，可以使新时期素质教育目标更加清晰，内涵更加丰富，也更加具有指导性和可操作性。此外，核心素养也是对素质教育过程中存在问题的反思与改进。尽管素质教育已深入人心并取得了显著成效，但我国长期存在的以考试成绩为主要评价标准的问题，影响了素质教育的实效。解决这一问题，要从完善评价标准入手。全面系统地凝练和描述学生发展核心素养指标，建立基于核心素养发展情况的评价标准，有助于全面推进素质教育，深化教育领域综合改革。

推动核心素养在教育实践中的具化和落实

学生发展核心素养是一套经过系统设计的育人目标框架，其落实需要从整体上推动各教育环节的变革，最终形成以学生发展为核心的完整育人体系。具体而言，它主要有三个方面的落实途径。

一是通过课程改革落实核心素养。基于学生发展核心素养的顶层设计，指导课程改革，把学生发展核心素养作为课程设计的依据和出发点，进一步明确各学段、各学科具体的育人目标和任务，加强各学段、各学科课程的纵向衔接与横向配合。

二是通过教学实践落实核心素养。学生发展核心素养明确了"21世纪应该培养学生什么样的品格与能力"，可以通过引领和促进教师的专业发展，指导教师在日常教学中更好地贯彻落实党的教育方针，改变当前存在的"学科本位"和"知识本位"现象。此外，通过学生发展核心素养的引领，可以帮助学生明确未来的发展方向，激励学生朝着这一目标不断努力。

三是通过教育评价落实核心素养。学生发展核心素养是检验和评价教育质量的重要依据。建立基于核心素养的学业质量标准，明确学生完成不同学段、不同年级、不同学科学习内容后应该达到的程度要求，把学习的内容要求和质量要求结合起来，可以有力推动核心素养的落实。

中国学生发展核心素养总体框架主要关注通过不同学段的教育后，学生最终能够达成的关键性素养全貌，相对而言比较宏观。在核心素养总体框架的基础上，下一步还需要把总体框架具体化到各学段，作好不同学段核心素养的纵向衔接，这也是实现核心素养最终落实的基础保障。

目前，课题组正在开展这方面的研究。具体而言，课题组将根据各学段学生的年龄特点和发展需求，基于中国学生发展核心素养总体框架中提出的六项素养指标，开展各学段核心素养的基础理论研究和实证调查研究，确定六项核心素养指标在小学、初中、高中、大学等学段中的主要表现和关键内涵，实现核心素养总体框架在各学段的垂直贯通，为核心素养进一步融入各学段具体学科搭建桥梁。

（作者系"中国学生发展核心素养"课题组负责人、北京师范大学资深教授）

（文章原刊于《人民教育》2016 年第 19 期）

学业质量标准：连接核心素养与课程标准、考试、评价的桥梁

辛 涛

近年来，为进一步增强竞争力，提升人才培养质量，世界各主要发达国家和国际组织纷纷开展核心素养的相关研究，并将其研究成果融入课程体系之中。通过研制核心素养，并用来指导教育实践，推动并实现教育和课程标准的转型——从注重学科知识体系完备性向注重学生素养水平转变，从传统的重视教学过程向重视学习结果转变，从注重构建各学科知识体系向跨学科融合、促进学生全面发展转变。

2014 年，教育部颁发《关于全面深化课程改革 落实立德树人根本任务的意见》，提出"研究制定学生发展核心素养体系和学业质量标准"。核心素养和学业质量标准都是对学生所要达到的能力和品格的要求，而两者指导的范围不尽相同。核心素养是党的教育方针的具体体现，反映教育目标，用以指导课程和教学改革。学业质量标准是核心素养和课程内容有机结合后制定的，可以直接指导教师课堂教学和教育评价。它是促进核心素养进入学科和课程标准、用以指导教育评价的桥梁。

核心素养是构建学业质量标准的根本遵循。核心素养是党和国家教育方针在新时期的具体体现，反映了党和国家对于教育"培养什么样的人"的期望，是对经历教育之后学生所能拥有的品格和能力的要求。这种期望和要求反映了国家的教育目标。学业质量标准制定的目的是为了结合具体

学科的能力要求，进一步细化教育目标，让它成为指导教学实践和教育评价的具体可操作的质量标准。在这一目的指引下，制定学业质量标准必须依据核心素养，以此为研制依据和根本遵循。

学业质量标准是核心素养融入课程的重要环节。课程标准是教学准备和实施的重要指导。基于核心素养的课程改革，就是要用核心素养指导课程标准的修订，包括制定教学目标——体现学生发展核心素养的要求；规范内容标准——结合核心素养要求来安排学科知识结构；提供机会标准——教学建议要以促进学生形成核心素养为目的；研制质量标准——结合核心素养研制学业质量标准指导教育评价。可见，建构学业质量标准是构建现代课程体系的重要组成部分，是当前促进核心素养融入课程的重要环节。

学业质量标准是核心素养在学业上的具体体现。核心素养是学生适应个人终身发展和未来社会发展所需要的必备品格和关键能力，它必然是相对宏观且宽泛的。学业质量标准则主要界定学生经过一段时间教育后应该或必须达到的基本能力水平和程度要求，是学生核心素养在具体学段、具体学科中的体现，直接反映了学生应达到的学业结果。在研制上，学业质量标准必须是根据核心素养所提出的品格和能力要求，与课程领域所提供的知识内容相结合而制定。所以，在功能上，由于学业质量标准在教育教学实践中更具操作意义，与学科教学连接得更加紧密，它能够更加有效地指导教师教学的深度、广度，更加直接地指导教育评价。

学业质量标准是基于核心素养建立的，是核心素养在教育教学当中的具体体现；核心素养引领学业质量标准的研制方向，为制定学业质量标准提供指导。在这种关系下，核心素养和学业质量标准都能够更好地发挥各自的作用。处理好核心素养与学业质量标准的关系，不仅有助于理解核心素养的实质内涵，发挥核心素养指导教育和课程改革的重要作用，还能够有力地指导学业质量标准的研制，更好地发挥学业质量标准在教育评价中的作用。

首先，处理好核心素养与学业质量标准的关系，能够更好地促进核心素养融入课程和教学，在教育评价领域落地。核心素养明确教育要"培养什么样的人"，是对教育和课程改革的宏观指导，是促进学生全面发展、推进全面深化课程改革的重要手段。作为对学生必备品格和关键能力的规定，核心素养可以用来指导教育教学评价，但如果直接拿核心素养的内容进行教育评价，在操作和实施上将会面临诸多困难。学业质量标准起到了连接核心素养的要求和具体考试评价实施的桥梁作用。有了学业质量标准，教师在教学中能够更加清晰地知道哪些内容要教到什么程度，要在具体学科知识领域培养学生哪些学科能力和素养；有了学业质量标准，考试评价能够更好体现对学生能力素养的考查，促进核心素养在教育评价领域落地。

其次，处理好核心素养与学业质量标准的关系，能够更好地将党和国家的教育方针体现在学业质量标准当中，指导教学评价更加有力。因为有核心素养作为指导，学业质量标准不同于基于学科内容建立的表现标准；后者是在学科内容标准确定后根据大规模测验的结果制定的，而前者是基于细化了的学生核心素养制定的。我国多年的课程改革将学科知识体系构建得非常完备，中国学生发展核心素养业已发布，学业质量标准将学科的内容要求和核心素养的质量要求有机结合在一起，用以指导教师教学和教育评价。这不仅可以促进核心素养融入教学实践和课程改革，而且有助于促进评价打破学科内容限制，实现以学生能力为导向的考试。在这样的学业质量标准指导下，教育评价才能够真正发挥其良性作用，促进学生全面发展。

（作者系"中国学生发展核心素养"课题组核心成员，单位系北京师范大学中国基础教育质量监测协同创新中心）

（文章原刊于《人民教育》2016 年第 19 期）

核心素养与我国基础教育课程改革的关系

杨向东

2014 年 12 月，教育部正式启动我国普通高中课程标准的修订工作。本次修订工作旨在贯彻落实立德树人的根本任务，通过研制我国核心素养体系，将基于核心素养的学业质量标准融入课程标准，引导和促进学习方式和育人模式的根本转型，从而实质性推动和深化我国基础教育课程改革。其中，正确理解核心素养和本次课程改革深化的内在关系，具有极其重要的意义和价值。

核心素养是基于中国基础教育课程改革和发展实际的再创造

本次深化基础教育课程改革，在我国教育历史上首次提出了"核心素养"这一概念。该概念的提出和 OECD1997 年发起的"素养的界定与遴选"（DeSeCo）项目有着深刻的渊源。该项目旨在研究面向 21 世纪的个体应该具备怎样的能力或品质，以应对日益复杂的时代变化和加速度的科技革新给个人生活和社会发展所提出的种种挑战。根据 OECD 的界定，素养（competence）"不只是知识与技能，它还包括个体调动和利用种种心理社会资源（包括各种技能和态度），以满足在特定情境中复杂需要的能力"。它超越了"认知能力"（cognitive ability）的范畴，也不限于传统意义上"能力"（ability）的内涵和外延，而是包含了"各种知识、技能、态度和价值观"。

OECD 对核心素养的界定带有明显的社会适应倾向。随着信息化时代和创新经济模式的到来，越来越多的工作类型要求个体能够应对陌生的挑战性情境，处理复杂多变的任务。在这样的环境中，个体要能够对复杂问题作出灵活反应，实现有效沟通和使用技术，并在团队中工作和创新，持续性地生成新信息、知识或产品。综观澳大利亚、美国、欧盟等西方发达国家或国际组织提出的核心素养框架，无一例外都突出了这一立场。这些框架都强调在数字化、信息化和全球化环境下，在多元异质社会中，创新、批判性思维、沟通交流和团队合作能力的重要性。这些素养反映了个体适应 21 世纪的共同要求。

鉴于上述倾向，有学者认为本次课程改革应该采用"胜任力"，而非"核心素养"这一术语；也有人认为"核心素养"更多地在强调社会适应性，而对个人发展关注不够，以"核心素养"作为本次课程改革的目标不够妥当；还有人认为"核心素养"更多地在强调未来社会个体应该具备的高级技能，不能全面涵盖基础教育育人目标的全部内涵。如果用于分析和理解西方发达国家与国际组织有关核心素养的研究和相关课程改革趋势，这些观点是有道理的。然而，如果用来评判此次以"核心素养"为设计理念的普通高中课程标准修订工作，就有失偏颇了。这是因为，本次基础教育课程改革深化并不是机械照搬西方相关概念和研究结论，而是在借鉴国际经验的基础上，结合我国基础教育课程改革实际情况和现实问题，创造性地运用"核心素养"这一概念。这种理解主要体现在如下几个方面。

第一，核心素养是新的历史时期贯彻落实党的十八大"立德树人"根本任务的理论构想。如果说基础教育阶段的学校课程是落实立德树人根本任务的重要载体，那么对当前和未来一定时期内，我国基础教育阶段学生需要具备的核心素养内涵、构成、彼此关系及其发展水平的论证和阐述，就是将立德树人根本任务转化成具体和系统的基础教育阶段育人目标的根本途径。按照这种定位，确定"核心素养"既要批判性地汲取国际上有关"key competence"研究的合理内涵和学理基础，也要站在 21 世纪的角度合理继承和发扬中华优秀文化传统，还要对我国自 20 世纪二三十年代以来的数次基础教育课程改革，尤其是第八次基础教育课程改革进行深入总结和反思。在这一定位下，"核心素养"的内涵既要涵盖通过学校学习应该掌握的人类文化工具，又要包括适应 21 世纪信息时代所需的创新、批判性思维、沟通交流和团队合作等"胜任力"；既要关注西方文化下科学认识世界和参与社会的传统，又要继承中华文化明德修身、止于至善的精神内核。因此，本次课程改革所采用的"核心素养"及其理论建构，本质上试图回答在当前中国政治、经济、社会状况和发展趋势下"培养什么人"和"怎样培养人"的问题。

第二，"核心素养"的提法是对我国改革开放以来基础教育改革成果和经验的继承与发展。在根本价值取向上，"核心素养"这一提法与我国上世纪 80 年代以来倡导的"素质教育"有着内在的一致性，是对素质教育在新时期的深化。上世纪 80 年代末提出的素质教育旨在改变当时过分强调"智育唯一、分数至上"的"应试教育"弊病，促进育人模式的转型。此次提出"核心素养"，研制基于核心素养的学业质量标准，试图进一步明确基础教育的质量观念，阐明人才培养要求，从而实现育人模式的根本转型。之所以采用"素养"概念，而没有沿用"素质"的提法，有如下几方面的考虑：（1）"素质"通常指的是个体先天禀赋和后天环境（教育）交互作用在个体身上所体现出来的结果。而"素养"更多地指向后天习得的，通过教育可以培养的，可以更加凸显教育的价值。（2）虽然国内已有大量有关"素质"和"素质教育"的讨论，但一直没有形成公认的系统理论体系、课程模式和实施途径。相比之下，"素养"是与国际科研文献一致的科学建构，存在大量相关研究和成果，可以在借鉴国际理论和研究模式的基础上构建我国"核心素养"的理论体系。（3）从推进策略的角度来讲，选择"核心素养"而不沿用"素质"的用法，更加容易赋予其新的含义，引发公众的关注和思考，免除旧有概念可能蕴含的思维定式。

第三，以"核心素养"作为基础教育育人目标，并不意味着基础的读写算能力、具体领域的知识和技能就不需要了。核心素养的突出特征在于个体能否应对现实生活中各种挑战性的复杂真实任务。在这一过程中，离不开个体能否综合运用相关领域的知识技能、思维模式或探究技能以及态度和价值观等在内的动力系统。产生这种认识的原因是，只看到了"核心素养"这一术语的字面意思，而没有理解其培养过程是以学科或跨学科课程的学习为基础的。

基于核心素养的课程改革试图直面的问题与可能的突破

概括来讲，本次基于核心素养的课程改革，试图回应当前存在的如下五个方面的问题，并期望作出实质性的突破。

（一）建立和完善我国基础教育阶段的教育目标体系，真正实现立德树人的根本任务

在我国，虽然形式上存在基础教育阶段的总体目标到各学科教育目标，再到各学科的学段、学期、单元和课时目标这样一个目标体系，实质上却存在严重脱节的现象。我国基础教育总体目标应更多关注学生个性发展与社会适应能力，但表述往往过于抽象，其内涵和外延缺乏明确界定和系统阐述。而实践层面的具体学科教育，因受应试教育和学科教学传统的影响，则更多地将习得具体知识和技能、形成学科知识体系作为最主要的目标。这种现象不仅导致学科教育目标和总体目标之间难以衔接，还造成学科之间壁垒森严，滋生学科本位思想，难以在育人价值上实现真正的统整。

构建系统的核心素养模型，是连接我国基础教育总体目标和学科教育目标的关键环节。核心素养模型作为总体目标的具体化，成为思考和界定不同学科的共同育人价值和独特育人价值的参考框架。它为各学科在课程目标、内容和学习机会上的深度融合提供了目标依据，也为跨学科学习主题（或课程）的确定提供了理论基础。此外，核心素养的发展贯穿整个基础教育阶段。通过揭示在整个基础教育阶段中不同核心素养的内涵、构成与结构、表现特征与发展机制等，可以构建一个以核心素养为主轴的、与基础教育阶段学生身心发展水平密切结合的教育目标理论。这一目标理论是制定课程标准、课程设计和管理、教学、评价以及教师专业发展的重要基础和依据，从而为真正贯彻落实立德树人根本任务提供保障。

（二）解决当前我国基础教育"三维目标"割裂的问题，促进学习方式和教学模式的变革

第八次课程改革以来，为了打破学科教学过分注重学科知识点的传授和操练，全面落实课程改革的总体目标，提出了"知识与技能，过程与方法，情感、态度与价值观"的学科教育目标。然而，由于理论和现实中的种种原因，"三维目标"在实际教学实践中演变成只剩"知识与技能"，"过程与方法"未能充分落实，"情感、态度与价值观"被形式化和虚化。

核心素养有助于重新审视"三维目标"的整合问题。核心素养在本质上是应对和解决复杂的、不确定的现实生活情境的综合性品质。这一过程离不开个体能否综合运用相关的知识技能、思维模式或探究技能以及态度和价值观等在内的动力系统。在这个意义上，核心素养是"三维目标"的整合。这种整合发生在具体的、特定的任务情境中。核心素养是个体在与情境的持续互动，不断解决问题、创生意义的过程中形成的。在这一过程中，个体在情境中通过活动创生知识，形成思维观念和探究技能，发展素养。教育或教学的功能就在于选择或创设合理的情境，通过适当的活动促进学习的发生。所以，核心素养这一概念蕴含了学习方式和教学模式的变革。它要求教师能够创设与现实生活紧密关联的、真实性的问题情境，让学生通过基于问题或项目的活动方式，开展体验式的、合作的、探究的或建构式的学习。

（三）改变当前课程标准以内容标准为主线的模式，创建以核心素养为纲的现代课程标准

我国现有课程标准本质上仍然属于内容标准，编排体例主要遵循学科内容体系的逻辑，过于重视内容标准，学科与跨学科素养没有成为主线，导致核心素养的培养不突出和不系统。

本次普通高中课程标准修订采用了国际上基础教育课程标准的最新研制模式。以立德树人为根本指针，在跨学科核心素养基础上，反思学科本质观和学科育人价值，凝练各学科核心素养，研制基于核心素养的学业质

量标准。以培养核心素养为指向，用（跨）学科大观念统整和重构课程内容，关注学科知识技能的结构化；凸显学科的实践活动，强调学科思维方式和探究模式的渗透。修订后的课程标准，始终以学生核心素养的培养为主轴，真正实现了"育人为本、素养为纲"的设计理念。

（四）改变当前基于学科知识点掌握程度的学业质量标准观，创建基于核心素养的新型学业质量标准观

长期以来，受应试教育和我国学科教学的理智传统的影响，学科教学过分关注知识训练和技能操练，将知识点的掌握作为课堂教学的主要目标。由此形成的学业质量观强调以学科知识点为纲，以知识点的识记、理解和应用水平作为质量水平的划分依据与表述方式。

本次修订后的课程标准，构建了以核心素养为纲的学业质量标准，重塑基础教育阶段的学业质量观。按照这种观点，所谓的学业质量标准，是指基础教育阶段的学生在完成各学段的学习时，应该具备的各种核心素养以及在这些素养上应该达到的具体水平的明确界定和描述。这种学业质量观有利于引导教师关注核心素养如何落在学生身上，可以清晰地了解不同层次学生的素养表现，并根据实际需求，设计教学方法和策略，选择课程资源。将带有明确水平描述的学业质量标准融入课程标准，意味着国家颁布的课程标准可以直接指导教师教学和学生学习，为过程性学业评价、毕业考试命题和高考命题提供依据，为学科教学法的理论更新、实践变革以及高考命题的改革，提供了上位的理论框架和水平依据。

（五）破解评价瓶颈，改变过分关注知识和标准答案的现状，构建基于核心素养的评价体系

我国现有的考试和评价过多拘泥于纸笔形式，强调孤立的确定性学科知识和技能的习得。评价任务脱离学生生活实际情境，过于注重标准解题过程和正确答案。

基于核心素养的评价旨在改变当前考试和评价的不足，通过创设整合性的、情景化的、不良结构的真实任务，直接评估学生的真实性学业成就，

从内涵上变革我国的中高考命题和其他大规模考试。重视不确定性的（跨）学科探究主题和基于现实社会实践的日常评价活动，关注学生在真实任务情境中提出和形成问题，发现、收集和利用信息，权衡不同方案，产生新想法或发现新途径来解决复杂问题，有效表达自己的理解和认识，能够和他人进行有效沟通。通过观察、讨论、展示、同伴或自我评估、成长记录档案袋等多种方式，收集学生不同场合、时间和形式的多方面证据，实现对学生核心素养发展水平的全面而合理的评价。更为重要的是，依托基于核心素养的学业质量标准，可以通过开发合理的核心素养评价体系，构建有实质内涵的质量话语体系，促进指向学生核心素养发展的学生、教师、家长、学校和社区学习共同体的建设。

（作者系华东师范大学教育学部教授、课程与教学研究所副所长）

（文章原刊于《人民教育》2016 年第 19 期）

正确处理核心素养与"双基"的关系

张 华

所谓核心素养，是人们适应 21 世纪信息时代个人和社会的发展需求，解决复杂问题和适应不确定情境的高级能力和道德意识。它有三个最显著的特点：第一，它是一种高层次能力，以批判性思维、创造性思维和复杂交往能力为核心，而不是记忆能力、知识技能熟练等低层次能力；第二，它具有道德感和社会责任感，倡导负责任的创新、创造与批判，不是所有高层次能力都是核心素养；第三，它具有鲜明的时代特征，因应信息文明的召唤，区别于工业文明和农业文明时期的人的发展，尽管三种文明之间不是割裂和对立的。①

相同、相加还是无关

我国传统教育素来重视"双基"，即基础知识与基本技能。当核心素养成为新的教育目标之后，核心素养与"双基"是怎样的关系，素养教育与"双基"教育又是怎样的关系？

对这两个紧密联系的问题，有三种典型的观点。第一种观点认为，核心素养的基础是"双基"，只要熟练掌握"双基"，自然生成核心素养，二

---

① 张华：《论核心素养的内涵》，《全球教育展望》，2016 年第 4 期。

者无对立和冲突，本质上是相同的。我国基础教育的特点和优势是重视"双基"，只要继续坚持和强化"双基"教育，必然带来素养教育。这种观点可称为"相同说"，认为核心素养与"双基"没有不同，素养教育与"双基"教育很一致。第二种观点认为，"双基"对发展核心素养的基础地位以及我国教育重视"双基"的特点和优势必须坚持，但是随着时代的发展，"双基"应当与时俱进，在数量上增加，如把"双基"增加为"四基"。这种观点可称为"加法说"，即在"双基"的基础上做加法。第三种观点认为，核心素养与"双基"存在根本区别，二者没有实质性联系，核心素养既不依赖特定知识或技能，又可适用于任何知识、技能或情境。譬如，学习骑自行车，学习时不局限于使用某辆特定的自行车，一旦会骑了，不仅恒久不忘，而且可以骑任何自行车。这种观点可称为"无关说"：核心素养与"双基"无实质关联。

从我国当前的教育理论与实践来看，无论秉持者是否意识到，上述"相同说"与"加法说"相当普遍。持"无关说"的人相对少些，但由于该观点与历史上的"形式教育论"紧密相关，它在我国教育理论与实践界也有一定市场。那怎样看待这三种观点呢？

从本质上说，"相同说"试图用"双基"替代核心素养、"双基"教育替代素养教育。它实际上是"双基说"。在"双基说"看来，"基础知识"，无论是科学技术还是人文经典，是极少数人发明创造、供大多数人掌握运用的有效的"客观规律"或"客观真理"；"基本技能"，无论是心智技能还是动作技能，是供人内化的固定行为规范，以准确性和熟练化为特征，以追求活动效率为目标。在这里，掌握"双基"与发展能力或核心素养之间呈线性关系：前者是基础、前提和第一性的，后者是结果、派生物和第二性的。"双基"决定核心素养。强化"双基"教育，是发展核心素养的不二法门。

诚如前述，核心素养是高层次能力与道德意识、社会责任感的融合。发展核心素养，既需要尊重每一个人的个性自由，因为以创造性为核心的高层次能力本质上是自由个性的自然表现，又需要转变知识观，让一切知识成为人们探究的对象和使用的工具。每一个人都有权对任何知识产生自己的理解，还需要转变知识技能的教学与学习方式，让知识的发明创造过程本身变成教学与学习，因为人只能在创造中学会创造。"双基说"不仅无助于核心素养的发展，而且有可能使知识技能的掌握与核心素养的发展之间形成反比关系或"剪刀差"：知识技能越熟练，核心素养则越低。

西方发达国家，比如美国，在基础教育阶段，学生所掌握的知识技能的数量比中国少、熟练程度比中国低，这能否得出西方国家基础教育低劣甚至失败的结论？针对这一问题，熟悉中美教育的华裔美国教育学教授赵勇曾这样说道："自以为是的教育改革者经常征引一些危机指标，比如，美国学生在数学和科学上的表现要比国际同伴学生差，美国学生数学和科学课程的兴趣在降低、所选课程的数量在减少，而国外大学毕业生的数量在增多。但是，他们却很少提及迄今为止美国经济取得优胜的奥秘——美国人民的冒险精神、创造性和勇往直前的精神。"这些"奥秘"正是人的核心素养。我国基础教育倘若继续沉醉于"'双基'优势"的迷梦中，伴随21世纪信息文明时代的到来，我国教育和社会将因创造性等核心素养的缺失而深陷危机之中。

"加法说"是"双基说"的补充与延伸，是"应试教育"与素质教育、"双基"教育与素养教育之间折中、调和的产物。它首先全盘接受"双基说"，进而补充一些符合素质教育要求的内容，如增加学生的活动等，试图适应应试教育与素质教育的双重要求，既保住中国教育的"传统优势"，又与国际接轨。但因其未质疑"双基说"的根本问题，特别是未改变知识观，增加的所谓素质教育的内容就变成了装饰。

"无关说"看到了"双基"与核心素养的区别，这是其正确的一面。但是离开了高级思维的内容，高级思维过程就成了无源之水、无本之木。"双基说"的错误不在于重视知识，而是扭曲了知识及其学习过程：它把知识仅理解为"客观真理"或一堆"事实"，把学习理解为内化真理或事实。"无关说"本质上是"形式教育论"的翻版：只重教育形式，忽视教育内容。由于脱离了探究对象或内容，探究过程本身就必然日益形式化和机械化，沦为单纯的记忆过程，因而无法解决复杂问题并适应不可预测的情境，无法形成真正的核心素养。

超越"双基",走向素养

怎样处理核心素养与"双基"的关系;怎样超越"双基说",确立真正的"核心素养说";怎样超越"双基"教育,走向素养教育?这至少需要做到如下三点。

第一,转变课程知识观。知识,一如真理,其本质在于探索、揭示世界,而非遮蔽、覆盖世界。课程知识本质上是帮助学生探索、揭示世界,以持续产生并发展自己的思想或理解。要基于核心素养的要求,重建课程知识。

首先,课程内容不是由零散的"知识点"或孤立的事实构成的,而是由核心观念构成。解决复杂问题依靠整体而有力的核心观念,而不是零散的"知识点"。因此,每一门学科都要基于"少而精"的原则选择最有价值的学科知识,都要从零散的"知识点"走向拥有内在联系的学科核心观念。学科核心观念是体现学科本质特性和教育价值的最关键的学科概念、原理、思想与态度。

其次,学科探究与实践是课程内容的有机构成。所谓"学科探究与实践",是指学科专家(人文科学家、社会科学家、自然科学家、工程师等)探索世界、解决问题和创造学科知识的典型探究方法与实践。倘若承认知识的过程性,就必须将学科探究与实践视为学科知识的有机构成。将学科探究与实践基于学生的年龄和个性特征进行转化,由此成为具有发展连续性的课程内容。学生在真实情境中亲自探究与实践学科核心观念,由此形成学科核心素养。

最后,教师与学生的个人知识是课程内容的有机构成。教师正是基于其个人知识将学科内容转化为学科教学知识。学生正是基于其个人知识探究学科观念,发展核心素养。学生的个人知识与学科知识的对话、互动过程,即是学生核心素养的生成过程。

第二,将知识创造过程变成教学和学习过程。百年以来,人类教育科学取得的伟大成就之一是确立了这样一条原理:人只有改变了世界才能理解世界，教育即帮助学生改变世界。100年前杜威倡导的"做中学"依然闪耀着时代精神的光芒，我们需要根据信息文明的要求赋予其新的内涵。如今，"创中学"的潮流正席卷整个世界。诞生于18世纪启蒙运动及20世纪初的"发现教学""探究教学""问题解决教学""设计教学""协作教学"等，本质上是使教学和学习过程成为真实的知识创造过程。这些教育思潮与实践既未失败，又未过时，日益成为核心素养时代的主要教学方式。诚如美国学者罗宾逊所言："我们并非长大了才有创造性，我们是在创造中成长。抑或说，我们是在创造过程中受教育。"

当前，我国课堂教学改革若不把教学变成真实的知识创造，不让以"问题解决教学"和"协作教学"为核心的新的教学方式成为我国课堂教学的主体，发展学生的核心素养就难以落实。

第三，将"双基"优势转化为核心素养优势。我国学生"双基"熟练本身不是缺陷，通过泯灭学生的个性自由和创造性、以牺牲核心素养发展为代价而达成"双基"，才是致命缺陷。

要将我国基础教育的"双基"优势转化为核心素养优势，需要让教育发生根本转型：通过让学生经历真实的探究、创造、协作与问题解决，发展学生的核心素养；在此过程中，一切基础知识、基本技能均成为学生探究的对象和使用的工具，其目的是产生学生自己的思想和理解。

"双基"优势转化为核心素养优势之时，即是我国基础教育改革成功之日。

［本文系国家社会科学基金教育学2012年度重点课题"高中阶段的教育发展战略研究"（AHA120004）成果］

（作者系杭州师范大学教育科学研究院教授）

（文章原刊于《人民教育》2016年第19期）

核心素养与三维目标：从三维目标走向核心素养是课改深化的标志

余文森

从功能上说，素养是一个人的精神财富，它是人生意义、人生价值、人生幸福的支撑。核心素养决定一个人人生的高度、深度，决定一个人生活的品质、品位。核心素养让人活得有尊严、有意义、有价值、有境界。一个社会的文明，取决于这个社会所有成员的素养。所有的教育都应该指向人，核心素养是素质教育的深化和细化，是当前基础教育改革与发展的方向、引擎。

延伸到学科领域，学科核心素养指的是学生通过该门学科的学习形成的必备品格和关键能力（硬实力和软实力；智力因素和非智力因素；科学素质和人文素质），它是一门学科（教育和学习）留给学生最有价值、最有意义的东西。具体而言，学科核心素养指的就是受过这门学科教育的人的形象、表现、气质、行为、习惯、能力、素质，这些素养构成与未受过这门学科教育的人的差别。反过来说，学科核心素养就是核心素养即必备品格和关键能力的具体化、学科化、情境化。它关心的是一门学科究竟对一个人的必备品格和关键能力的形成有什么样的贡献，而不只是本门学科的具体知识内容。

传统的学科教育过度在学科知识上做文章，学校和教师一直纠结于学科知识的容量（内容的多和少）、难度（内容的深和浅），教师对所教学科的知识点和训练点烂熟于心，而对学科的本质和教育价值却知之甚少，对学生通过本门学科的学习究竟要形成哪些核心素养以及怎样形成这些核心素养也不甚了解。高中学科教育被高考绑架，学科和学科教育严重工具化，这是我们目前高中教育存在的深层次问题。学科核心素养正是破解这一问题的钥匙。它是学科教育的灵魂，只有抓住学科核心素养，才能正确地引领学科教育的深化改革，全面地发挥学科的育人功能。

理解了核心素养的内涵，我们也就明白了为什么要从三维目标走向核心素养。相对于三维目标，核心素养的立意更能体现以人为本的教育思想。

核心素养是从人的视角来界定课程与教学的内容、目标和要求，它体现了对教育内在性、人本性、整体性和终极性的关注。教育的终极任务就是提升人的素养（教育价值所在）。素养让我们真正从人的角度来思考、定位教育。必备品格和关键能力是人终身发展、可持续发展的基因、种子和树根。抓住了核心素养，也就抓住了教育的根本。

如果说从"双基"走向三维目标是新一轮课程改革的一个标志，那么从三维目标走向核心素养则是当前课程改革全面深化的一个标志。当然，核心素养之于三维目标并不是简单的取代，更不是否定，而是继承中发展、传承中创新、整合中突破。从形成机制来讲，核心素养是三维目标的进一步提炼与整合，是通过系统的学科学习之后而获得的。三维目标是核心素养形成的要素和路径。

（作者单位系福建师范大学教师教育学院）

（文章原刊于《人民教育》2016年第19期）

基于核心素养的课程改革之关键问题

王烨晖　辛　涛

我国学生发展核心素养的研制是落实《国家中长期教育改革和发展规划纲要（2010—2020 年）》、全面深化课程改革、落实立德树人根本任务的重要举措。但这仅是对我国教育总目标在当前社会背景下的一个具体阐述，仍属于宏观教育目标层面，是我国教育未来发展的顶层设计与架构。

如何把这个顶层设计落实到具体的教育实践之中，渗透到课程的每一个环节，解决当前教育存在的诸多问题，切实有效地提升教育质量，成为全社会关注的热点。开展基于核心素养的课程改革，已成为落实我国学生发展核心素养的迫切需求。

一、教师是落实核心素养、实现素质教育的关键所在，要充分重视教师的转化作用

开展基于核心素养的课程改革，容易将人们的注意力引导到课程标准和教材的改革上，而忽略了教师在整个课程体系中的能动作用。课程标准虽然是对顶层设计的具体化，但仍处于课程体系的顶层，属于中观层面的教育目标，是由学科、课程、评价等领域专家制定的。教材将中观的课程标准细化到各个学科的知识点，对每一节课的教学进行具体的设计。但它

是一个静态的文本化材料，无法主动将课程传递给学生。与课程标准和教材不同，教师是整个课程体系中最具有能动作用的主体。无论核心素养如何落实到课程标准之中，如何在教材中进行科学合理的设计，缺乏教师这个关键角色，基于核心素养的课程改革将流于空谈。因为教师的教育理念、教学方式、已有的知识经验等各方面，会影响其对课程的设计与组织，影响教学过程的每一个环节，影响教师与学生的互动。这直接决定了核心素养能否真正落地，能否传递给学生。

集知识、能力、情感、态度、价值观于一体的三维教学目标，早已在2000年开始的新课改中得以体现，在课程标准、教材的制定中得以具体化，但处于一线的广大教师由于缺乏相应力度的培训，其领会和理解的深度不够，再加上升学的压力，到目前为止，仍难以有效落实。在教师相关因素中，教育观念的转变与更新对落实核心素养理念、促进基于核心素养的课程改革有着举足轻重的作用。核心素养的最终目标是促进学生德、智、体、美全面发展，培养能够适应未来社会的德才兼备的人，实现素质教育，全面提升我国的教育质量。因此，需要帮助教师改变旧的"应试"观、"升学"观，建立与素质教育相应的新型教育观、质量观和人才观。

二、教学是核心素养落实到课程的具体执行过程，是落实素质教育的根本途径

课堂是核心素养落实到课程中最微观、具体的层面，是核心素养能否真正落地，培养出所需人才的重要环节。基于核心素养设立的课程标准和编写的教材，如果无法通过教学传递给学生，那么核心素养只能流于概念。综观国际组织和世界各国对素养的定义，均强调知识、技能和态度在与现实生活相关联的特定情境中的运用。我国课堂教学的一个重要特点是以抽象知识为主，与现实生活关联较小。虽然新课改之后强调与生活情境相结合，但在具体教学中，这种现实情境的结合主要用于激发求知欲、提升学习兴趣，仅发挥了辅助教学的作用。

以数学为例，长期以来，我们的数学课堂中，教师强调数学知识的教授，注重计算的熟练与准确性，强调解题方法的熟练运用。数学知识本身就相对抽象，重复机械化的练习使得课堂枯燥乏味，学生丧失学习数学的兴趣，最终培养出一大批高分厌学的学生。

PISA（Program for International Student Assessment，国际学生评估项目的缩写）根据与学生生活距离由近及远分为个人、社会、职业和科学四类情境。我国传统的数学教学主要在与学生生活距离最远的科学层面进行，学生在数学世界中能够高质、高效地完成任务，但却不知道如何利用数学知识解决实际生活中的问题，数学与现实是两个平行的世界。PISA 对数学素养的定义是："个体在各类情境中形成、应用和阐释数学，包括数学推理和运用数学概念、过程、事实和工具对现象进行描述、解释和预测。这种数学素养有助于个体认识数学在真实世界中所发挥的作用，作出有理有据的判断与决策，而这是作为一个建设性、积极参与且有反思能力的公民所必需的。"[1] 这个定义为我们提供了开展基于数学素养课堂教学的重要启示——数学教学应当从以下两方面着手。

一方面，数学问题来源于真实生活，如何从现实情境中识别问题，抽象概括出数学问题，从现实世界走向数学世界是数学教学的起点。我们一直强调要用数学知识解决实际问题，但如果无法对现实问题进行抽象、概括，转化为数学问题，学生将无从知晓用什么知识解决这个问题。数学课堂教学应当注重将实际情境中的问题转化为数学问题的过程，培养学生从复杂情境中理解、识别并简化情境，构建具体的问题，并且能够将具体的问题转化为数学问题。

另一方面，数学学习最终要走向生活，回归现实。在数学世界中用数学知识解决相应问题，是我们当前数学教学的优势所在。但获得了相应的数学结论之后，如何解读与阐释这个结果，特别是如何在具体情境中对结果进

---

① OECD（2016），*PISA 2015 Assessment and Analytical Framework: Science, Reading, Mathematic and Financial Literacy*, PISA, OECD Publishing, Paris. http://dx. doi. org/10.1787/9789264255425-en.

行诠释，根据现实生活中的具体情况对结果进行验证、评估并最终作出决策等，这一系列环节都是当前教学所匮乏的。如果数学教学能够同时兼顾上述两个方面，对学生而言，数学知识不再是只停留于课堂中数学世界里的抽象知识，而是来源于生活而最终又回归于现实的鲜活数学。学生不仅掌握了数学知识，形成了如何从生活中识别数学、解决问题并运用于现实的能力，还提升了学习数学的兴趣和信心，最终实现真正意义的素质教育。

三、课程评价是落实核心素养的重要抓手，基于核心素养的课程评价能够充分发挥素质教育的引导作用

从基于标准的课程改革时代起，世界各国便开始着手将质量评价标准融入课程体系之中，在当前基于核心素养的课程改革大潮中，美国、德国等国家借助质量评价标准，实现了核心素养与课程体系的对接。为实现对核心素养落实课程的效果评估，课程评价更是成为各国的重要抓手，采用立法、加大教育投入和借助国际项目等多种方式，自上而下建立起完善的课程评价体系。

评价与课程体系相脱节是我国教育中的一个重要问题，即评价所依据的标准与课程或课程标准相脱离，这给教师的教学带来混乱——应该按照课程标准还是评价标准进行教学？为了获得更高的评价结果，教师往往按照评价标准进行教学，使得评价标准替代了课程标准，教学围绕考试转。这不仅与中高考的高利害性以及过度追求升学率有关，还与我国课程标准缺乏相应质量标准，无法为教师提供客观标准和可操作化指导有关。借当前我国学生发展核心素养出台，并正向课程体系转化与落实之际，应当自上而下建立起配套的课程评价体系，从评价的理念、设计、方法、过程和结果等环节体现素质教育的导向。[①]

我国传统评价重知识，轻能力、情感、态度、价值观；重智育发展，

---

① 辛涛、姜宇、王烨晖：《基于学生核心素养的课程体系建构》，《北京师范大学学报（社会科学版）》，2014 年第 1 期。

轻德育培养。随着经济全球化的不断深入，各种思想文化交相融合，学生成长环境正在发生深刻变化。在当前社会形势下提出的我国学生发展核心素养，是集知识、能力、情感、态度、价值观于一体的多维综合发展观，旨在培养德、智、体、美全面发展的社会主义建设者和接班人。基于核心素养的课程评价应以促进学生全面发展为旨归，不仅强调认知性目标的达成，还应重视非认知性目标的发展，同时实现对知识、能力和情感、态度、价值观的评估，在评价中促进智育与德育的有效融合，矫正以往重智轻德、忽略情感态、度价、值观的偏失。

核心素养的人才培养目标从单一的知识、技能转向学生综合素质的发展，关注跨学科培养学生面对未来生活所应具备的综合素养。基于核心素养的课程评价，不应仅局限于分科分领域的传统测试视角，应从学科融合的视角出发，实现对学生综合素质的客观有效评估。

还有，要充分重视教师在课程评价中的重要作用。综观世界各国，在其课程评价体系建立的初期，为有效建立课程评价机制，往往采用集权的方式在国家层面统一推行课程评价，随着课程评价制度的日益成熟与完善，教师在其中的重要作用不断被强调和重视。例如，英国的国家课程考试体系中，国家层面统一的测查成分比例不断降低，把越来越多的评价主动权交给教师。因为教师在教学中，通过评价能够最直接、及时地发现问题，得到反馈，进行调整与改进，实现"从评中学，从学中评"（assessment as learning and teaching）。

四、学校氛围是核心素养落地的重要沃土，对学生发展具有潜移默化的作用，应积极构建与核心素养相适应的学校文化和氛围

学校对学生的发展有重要影响，孩子在学校的时间远超过在家庭中同父母互动的时间。大量心理学与教育学研究表明，积极的学校心理氛围对学业成绩、学习动机与态度、认知能力发展、对学校的归属感和参与度、学生的主观幸福感和亲社会行为均有重要的促进作用，而对抑郁、焦虑、

攻击和违法行为则有明显的抑制作用。[1]特别是对女生，农村、低收入水平以及低文化水平的家庭或低师资水平等弱势学生群体具有更强的保护作用。良好的学校心理环境，能够在一定程度上削弱各种弱势地位所带来的不良影响。[2]

从学校文化与氛围的角度切入，关注学校"软"环境的建设，与我国学生发展核心素养所倡导的文化基础、自主发展、社会参与等各方面相结合，特别是在公平与公正、鼓励自主与合作、接纳与支持以及安全与秩序等方面为学生、教师营造积极的心理氛围，对于教师教学理念的改变、教学思想的转变、师生关系的建设与提升、学生德育的培养、健康积极人格的塑造、社会责任感的培养等方面，均会产生重要的潜移默化的作用。这种影响对于学生核心素养的形成和培育以及素质教育的真正实现，有着不可估量的潜力。

五、信息技术是实施核心素养的重要技术保障，现代化信息技术与教育教学的深度融合是基于核心素养课程改革的必然趋势

信息技术的突飞猛进对现代社会的各方面都产生了深远影响，也迅速渗透到教育的各个角落，在有些方面甚至已经产生了颠覆性改变。对教师而言，可以更快、更便捷地接触到最新的教育理念、教学方法与策略，为教师转变传统教育理念提供便利。同时，教师培训突破了时空的限制，实现实时互动。就学生而言，接受信息的渠道更加多样化、开放化和个性化，使其思想日益活跃、变通和灵活。翻转课堂、慕课等新的教学形式不断出现，教与学变得越来越个性化、特色化和多样化。信息技术革新了传统的

---

[1] 周翠敏、陶沙、刘红云、王翠翠、齐雪、董奇：《学校心理环境对小学 4~6 年级学生学业表现的作用及条件》，《心理学报》，2016 年第 2 期。

[2] 陶沙、刘红云、周翠敏、王翠翠、孙聪颖、徐芬、董奇：《学校心理环境与小学 4~6 年级学生认识能力发展的关系：基于全国代表性数据的多水平分析》，《心理科学》，2015 年第 1 期。

教育教学模式，催生了新的教学工具，助力教育内容的创新，营造了全新的学习环境，在教师教育观念转变、教学改革和学校文化与氛围建设的各环节不断推陈出新。[①]

同时，由信息技术带来的教育教学模式的改变，对测评技术提出了新的需求。传统纸笔测试已经无法实现对部分基于信息技术的综合性素养的测评，计算机测试、网络测试、计算机自适应测试等现代化测试技术则能满足这些需求。PISA 2015借助计算机人工智能技术实现对具有复杂交互作用的协作问题解决能力测评，实现对复杂情境下具有双向动态协作能力的有效测量与评估。相比于纸笔测试，基于计算机、互联网的测评，实施成本更低，数据收集效率更高，人为因素的出错率大大降低，还能收集到比纸笔测试更加全面的诸如反应时间、解题思维等过程性信息。为实现对核心素养的准确测量与评价，体现核心素养德智并重、跨学科领域和集知识、能力、情感、态度、价值观三位一体的综合目标等特色，借助计算机、互联网、云技术等现代化测评将成为主流。根据学生在任务中的具体表现进行评估，生成诊断性评价报告，基于学生个体能力发展的特点生成个性化学习路径。

信息技术与教育的融合需要一个发展变化、逐步深入的过程，我国当前各地各学校的信息化水平参差不齐，具体所处的发展阶段与速度各异，应当根据具体情况逐步推进。除了硬件水平的建设外，在教育领域实现现代化信息技术理念的推广与普及、教师信息技术素养与技能的提升、制度的创新、先进经验的学习与借鉴，都是促进两者深度融合、落实核心素养、实现素质教育的重要手段。

[本文系教育部哲学社会科学重大攻关项目"义务教育阶段学生学业质量标准体系研究"（12JZD040）、教育部人文社会科学青年基金项目"新课程

---

① 杨宗凯、杨浩、吴砥：《论信息技术与当代教育的深度融合》，《教育研究》，2014年第3期。

背景下教材质量的评价研究：以小学数学为例"（13YJC880078）成果，由中央高校基本科研业务费专项资金资助（SKZZX2013013）]

（作者单位系北京师范大学中国基础教育质量监测协同创新中心）

（文章原刊于《人民教育》2017年第3-4期）

核心素养测评的十大要点

杨向东

核心素养已成为我国基础教育课程改革的"基因"。随着新一轮普通高中课程标准修订工作的展开，普通高中阶段核心素养模型已经初步成型，各学科基于核心素养的学业质量标准也基本完成。目前，围绕学生核心素养的发展和培养，开展课程、教学、评价和教师专业发展等领域系统深入的理论研究和实践探索，是进一步深化我国基础教育课程改革的当务之急。其中，如何破解长期以来基础教育评价领域的瓶颈现象，改变过分专注碎片化知识和标准答案的考试评价窠臼，构建能够促进学生核心素养发展的评价体系，具有至关重要的战略地位和现实意义。

一、核心素养评价面临的挑战

早在 1959 年，美国哈佛大学教授罗伯特·W·怀特在《对动机的再思考：素养的概念》一文中就指出，"素养……是指某个有机体和环境有效互动的能力（capacity）……能够与环境适当的互动是通过长期持续的学习缓慢获得的……绝不是靠着单纯的（生理）成熟就能达到的"[1]（White，1959，

---

[1] White, R. W. (1959): Motivation Reconsidered：The Concept of Competence, *Psychological Review*, 66, 5, 297–333.

P. 297）。因此，在本质上，素养是个体后天习得的、能够适应和改造环境的可能性。随着人类文明的进程，个体所处环境不断改变，所需素养也具有鲜明的时代性。

本次课程改革深化所倡导的核心素养，是指个体在应对 21 世纪各种复杂的、不确定性的现实生活环境时所需的关键品质。知识经济时代的到来，迅猛发展的数字化技术，日益加速的社会变动和全球化进程，都对个体提出了前所未有的挑战。传统教育所关注的固定学科知识和常规性问题解决技能，已经无法让个体成功应对复杂多变的现实世界。取而代之的，教育需要帮助学生能够对各种复杂的现实情境进行审慎的思维和判断，能够在团队中持续沟通和交流，创造性整合已有知识、技能、理解、态度和期望，合理解决现实生活中各种挑战性的真实任务。

显然，这样一种教育指向对既有测评理论和实践提出了严峻的挑战。首先，与碎片化学科知识点相比，核心素养指向的是教育领域中复杂的理论建构（theoretical construct），是学生通过后天学习形成的综合性学习结果。这种综合性体现在它不是在固定情境下的简单应用，而是在现实生活情境下的创造性应用。与识记或应用零碎知识或孤立技能相比，对核心素养具体内涵、表现机制的理解和分析显然更为复杂，也更为困难，相关研究也比较薄弱。此外，无论是批判性思维、创新能力，还是团队协作或沟通交流，都不能通过机械的训练而获得，必须通过学生在解决各种实际任务的过程中才能得以培养。这就意味着，要合理测评核心素养，必须依赖创设合理、真实的任务情境，才有可能实现。

其次，所有的核心素养本质上都是个体的内在品质或特征。例如，创新能力、文化意识、审美观念等都具有潜在性，是无法直接观测的。个体所具备的核心素养及其水平，必须借助他们在具体任务中的实际表现加以推测。而要确保这种推测的合理性，就必须建立所测的核心素养与个体在具体任务上的实际表现间的关联。这种关联可以用图 1 简要表示。

图 1 中，断线方框内的部分是我们要推断的属性或建构，即个体所具有的核心素养以及他们在该素养上所处的水平。不同的水平对应着个体在各种具体任务中的不同反应或表现。正是基于核心素养和任务表现之间的

这种对应关系，我们才有可能借助后者推断前者。然而，不同核心素养与它们在具体任务上的表现特征之间的关系并不是简单明确的。如前所述，诸如批判性思维、科学探究能力等核心素养都是抽象的复杂概念，其确切的内涵、构成和水平特征都很难准确厘清。而且，作为抽象概念，每个素养在不同的具体情境下所对应的实际表现也是千变万化的，并不像图1所显示的那样简洁清晰。这里，第一个挑战是要深刻认识和分析所要测量的每个核心素养的内涵、构成或结构、不同水平的实质特征。第二个挑战是如何明确建立素养水平和任务表现之间的关联。这是制定具体测评任务的评分框架或标准，以及如何运用评分标准对学生具体表现进行评判的依据。虽然修订后的普通高中课程标准明确提出了各学科核心素养及其学业质量标准，可以帮助我们进一步理解所测的核心素养，但要真正解决这两个问题，还有待更多更深入的研究和探索。

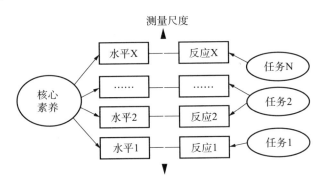

图1 核心素养与任务反应之间的关系

二、促进学生核心素养发展的评价体系构建

在我国当前深化课程改革的形势下，要构建促进学生核心素养发展的评价体系，需要在第八次课程改革成功经验的基础上，倡导和开展如下十个方面的研究和探索。

（一）树立以核心素养发展为本的评价理念，直接评价有价值的学业成就

长期以来，我国的考试评价过于关注碎片化知识和孤立技能的习得，

强调确定性解题过程和标准答案，评价任务过于抽象，脱离学生生活实际。要改变这种现象，就要坚持以核心素养的发展为主线，重点关注学生综合运用（跨）学科思想方法和探究技能、结构化知识和技能以及价值观念，创造性解决复杂的、不确定性现实问题的能力，直接评价那些对个体或社会有价值的学业成就。

具体而言，这意味着在评价关注点上要实现几个转变：（1）从关注碎片化学科知识技能的习得，转变到关注复杂、不确定性现实问题的解决。（2）从关注对他人知识的理解或应用，转变到关注学生综合运用和主动创生知识。（3）从关注学生学什么，转变到关注如何学习和学会学习。（4）从关注学生个体的自我学习，转变到关注学生能否进行团队合作和有效的沟通与交流。

（二）准确把握核心素养内涵和学业质量标准，制定系统明确的评价目标

倡导基于核心素养的评价，需要广大教育研究者和一线教师改变以学科知识点为纲、以知识点掌握水平为质量水平的学业质量观，转而树立核心素养本位的学业质量观。修订后的普通高中课程标准，在我国教育历史上第一次明确凝练了各学科的核心素养，并结合高中阶段的课程内容，研制了基于学科核心素养的学业质量标准。核心素养本位的学业质量标准明确了各学科的育人价值和质量要求，系统阐明了学生在普通高中阶段的素养发展水平及其具体表现特征。因此，在设计和实施具体核心素养评价时，必须深入理解相应的核心素养的准确内涵和表现，准确把握学业质量标准中不同水平描述的具体含义，以此为依据思考和确定各级各类考试和评价的价值方向、理论框架和水平依据。

在依据学业质量标准研制和实施具体的考试或评价时，要注意如下几点：（1）各学科学业质量标准是学生修习了本门课程（或部分课程）之后，综合不同学科核心素养表现所形成的学习结果的整体刻画，不是学生在各学科核心素养所处水平罗列式的简单相加，而是一种有机的整合。从测评的角度讲，这种综合性无疑对命题和评分提出了巨大挑战。如何兼顾学生不同素养的水平和学业质量标准刻画的整体表现，是实际测评时需要思考

和解决的问题。（2）核心素养的发展具有跨越不同时段的连续性，贯穿于学生整个课程学习历程中。而在实际的课程学习过程中，核心素养的这种连续性发展又是以不同学段、模块或主题的课程内容和教学活动为基础的。因此，要深入理解核心素养发展和课程内容学习之间的关系，对学段、模块或主题、单元和课时评价目标进行整体规划、设计。在确定具体评价目标和表现预期时，需要合理处理学业质量标准与不同内容模块学业要求之间的关系。（3）学业质量标准以核心素养发展为主轴，从学生学习结果的角度刻画了学生学业成就的发展水平及表现特征。即便是处于相同的学习阶段，修习相同的课程内容，不同学生也会在学业成就上表现出各种差异。因此，在确定具体的评价目标时，必须充分考虑到同一群体中不同学生在不同核心素养以及学业质量标准表现上的个别差异。

（三）重新思考评价背后的学习理论，构建核心素养本位的评价框架

构建促进学生核心素养发展的评价体系，需要深刻认识常见考试中采用的评价框架，深刻反思双向细目表背后蕴含的教育观和质量观。如表1所示，这种评价框架指向的是一种以学科知识点为纲、以知识点掌握水平（识记、理解、应用）为质量水平的学业质量观。它所适应的是以教师讲解和传授为主要教学方式，以学生掌握和操练孤立、零碎的学科知识和技能，能够在有限情境下识别和运用为主要目标的教育形态。

表 1　简化的双向细目表示例表

	知识点1	知识点2	知识点3	知识点4	知识点5
识记					
理解					
应用					

然而，如前所述，核心素养是指个体在面对复杂的、不确定的现实生活情境时，能够综合运用特定学习方式所孕育出来的（跨）学科观念、思维模式和探究技能，结构化的（跨）学科知识和技能，世界观、人生观和价值观在内的动力系统，分析情境、提出问题、解决问题、交流结果过程

中表现出来的综合性品质。其背后蕴含的学习观，强调核心素养是个体在与各种情境持续互动和不断解决问题、创生意义的过程中形成的。各种不同的结构化和复杂程度的问题情境是学生学习活动开展的载体。而在这种学习展开过程中，学生的知识和技能不断结构化，思维模式和探究技能逐渐形成，情感、态度和价值观不断成熟。其外在表现则是学生核心素养得到不断发展，所能应对的复杂情境和开放程度也不断增加。

按照这种理解，要想合理评价学生核心素养的发展情况，需要重新思考核心素养、情境、课程内容之间的关系，构建如图 2 所示的多维核心素养评价框架。首先，要深刻认识复杂真实的问题情境在评价核心素养中的重要价值。应对各种复杂开放性的现实情境，不仅是学生核心素养形成和培养的途径与方式，也是评价学生核心素养发展水平的重要依托。学生在学校所"获得"的学科知识或技能，之所以无法迁移到现实生活中，关键在于学校的学习活动所依存的情境被过于人为简化和抽象，丧失了与现实生活的连接。其次，核心素养的形成、培养和评价，也不能脱离具体领域的课程内容。个体只有具备系统、结构化的学科知识和技能、思想方法和探究模式，才能深刻理解特定任务情境，明确问题，形成假设，解决问题。但与此同时，要避免从孤立的、过细的学科知识点角度思考学科内容、罗列清单，要强调学科内容的结构性和关联性，突出思想方法和探究技能的运用，为评价能够关注重要的、整合的现象，创设基于现实情境的复杂或开放性问题奠定基础。

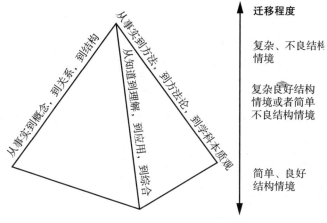

图 2　基于核心素养的评价框架

（四）重视不确定性的跨学科探究主题和社会实践活动，创设整合的、情境化的不良结构任务

让学生经历各种复杂开放性的现实情境，解决有意义的真实任务，是评价学生核心素养发展水平的重要依托。在日常评价中，要重视不确定性的跨学科探究主题和社会实践活动的开展，让学生通过经历在现实生活中有实际价值的真实问题解决过程和社会活动，考查学生运用所学解决实际问题的能力，评价学生在自主、合作、探究能力以及社会责任感等方面的发展情况。

在考查学生核心素养发展的终结性和形成性评价中，要强调整合性、情境化、开放性评价任务的创设。综合的、完整的现实性任务，有助于激发学生参与和投入的兴趣，需要学生综合已有所学分析当前情境，明确问题，从而考查学生对相关的知识和技能进行创造性整合的能力。情境化任务蕴含大量的潜在线索和限制，有助于考查学生发现问题、辨析概念、建立关系和验证假设的能力。不良结构问题的不确定性和开放性，则可以提供给学生展示他们分析和解决问题的思考过程和最终结果的机会。

（五）依据素养的学业质量标准，开发参照标准的评价标准

综合性探究活动、社会实践主题和整合的开放性问题，给学生提供了展示各种表现、产品以及背后的思维方式和探究过程的空间，但同时也带来了如何对学生多样化、开放性的表现或反应进行合理评定的问题。这就需要根据具体的测评任务，开发相应的评价框架或评分标准。

在实际测评活动中，要以学业质量标准所刻画的水平特征为依据，结合具体任务和课程内容，制定等级化、描述性评分标准。只有这样，评价结果才能与学业质量标准所倡导的学校教育目标相一致，才能起到引领和改进学校教育和学生学习的目的。一般来讲，开放性问题所对应的评分标准通常是多维度、多指标的。这些维度和指标要能够真实反映不同水平学生在解决问题过程中所展示的各种结果、表现以及背后的思维特征和探究方式。

以这样的评价标准为基础，结合不同水平学生解决任务时的具体表现，可以明确阐述不同分数所对应的实质性表现特征。由此得到的学生得分便具有了标准参照的内涵，能够较为明晰而准确地揭示不同水平的学生能够干什么或知道些什么。这样一来，就可以从学生核心素养表现的实质特征和变化出发，阐明学生的学习结果和进步情况。教师可以利用这种标准或结果制订相应的学生发展计划，而学生则可以用来自我反省和评价，分析差距和不足，明确后续努力方向。

（六）收集不同场合、时间、形式的多方面证据

如前所述，核心素养是非常复杂的建构，包含多个不同的维度，跨越许多不同类型的任务形式。这种复杂性决定了所需收集的证据的多样性。单一指标或孤立的证据，无法支持对学生核心素养准确充分的推断。

这种复杂性决定了必须借助多重的任务情境才能对核心素养进行合理的考查。要采用多种信息收集方法，收集不同场合、时间和形式的证据。收集证据时，既要重视个体在特定任务情境下生成的结果或产品，又要重视在形成这种结果或产品过程中个体的具体思考、认识、反思和调整。此外，可以通过对学生进行重复性、跨时间的测量和证据收集，建立以素养发展为指向的成长记录档案袋。

（七）强调多元评价，重视同伴和自我评价的作用

核心素养的复杂性还决定了多元评价的必要性。核心素养是复杂的多维度建构，所需的测评任务也更开放灵活，需要收集的证据或资料也更为复杂多样。这就需要采用多种形式的评价方式，包括正式或非正式观察、对话分析、作业、团队任务、探究项目、档案袋、发展量表、自我反思等，以确保证据或资料收集的全面性。

此外，对核心素养的评定和推断通常需要评定者整合来自不同来源的多重证据。在这一过程中，评价者需要反复验证已有证据和其解释之间的关系，以形成合理全面的评定。评价者个人的已有知识、价值观和对核心素养的理解等都会影响其结论的形成。因此，多个评价主体（包括被评价

学生）的参与和对话，就显得尤为重要。在这个意义上，要重视同伴评价在核心素养评价中的作用。一方面，同伴评价提供了理解和评判各种证据或资料的不同视角，有助于形成更为全面的结论；另一方面，同伴评价运用恰当，也有助于同伴之间互相促进和激励，有助于学生学习共同体的建立。

自我评价能力是个体学会学习和终身学习的关键构成。通过自我评价，学生可以看到自己的不足，学会如何反思和改进，体验到自己努力所带来的进步。这对激发学生学习动机，形成自主学习能力，学会如何自我学习，无疑有着深刻的意义。

（八）提供学生对表现或产品进行展示、论证或解释的机会

在多数情况下，前文"核心素养与任务反应之间的关系"图中所展示的核心素养和外在任务表现之间的关系是不明确的。在这种情况下，以某种公开的方式，给学生提供对自己的表现或形成的产品进行论证或辩护的机会，就显得尤为重要。被评价学生自己对任务表现的解释和申辩，提供了评价者反省对学生反应的认识和理解是否合理的依据。

此外，公开展示或辩护还有助于学生更为深刻地反省自己的问题解决过程，审视所秉持的观点或方法的合理性，从而将评价过程转变为一种学习机会。不仅如此，公开的展示或者答辩有助于区域性学习共同体的形成和建设。它传递了一种理念，即学生所从事的这些工作以及所形成的各种产品是具有现实价值的，是为学校、社区和社会所关注和重视的。这有助于共同体对什么是有价值的学习目标达成共同认识，对怎样的表现是高水平的学业表现形成质量标准。

（九）提供具有实质内容的反馈结果

向学生提供标准参照、有实质内容的结果反馈，对于构建促进学生核心素养发展的评价体系尤为重要。大量研究表明，提供及时的评价结果反馈，对于激发学生学习动机、提高学习效果有显著影响。

任何评价方式都可以向学生提供结果反馈，但用于评价核心素养的评价任务给学生提供了更为充分的展示机会和空间，包含更为丰富和有意义

的反馈信息。借助核心素养本位的学业质量标准，结合具体测评任务所构建的描述性等级评分标准，可以向学生提供与学科育人价值和质量要求相一致、能够反映学生核心素养表现关键特征的信息，可以让学生和教师进一步澄清对核心素养的理解及表现预期，明确他们的表现如何，不足之处在哪里，下一步的发展方向是什么。

（十）整合日常评价与终结性考试，建立促进学生核心素养发展的评价体系

开展核心素养的评价不仅要关注学生在特定时间点上核心素养的水平，更要关注如何通过测评促进他们核心素养的发展。核心素养的发展贯穿学生在校学习和生活的整个过程。对同一个学生而言，处在不同的课程学习阶段，其核心素养会呈现不同的水平或特征，需要设计不同的适合于当前发展特征的任务加以考查。虽然不同阶段的测评任务在具体主题、内容、类型或复杂程度上有所差异，但在所关注的核心素养层面，可以对这些任务加以统整。

这种整合以素养本位的学业质量标准为纽带，可以跨越同一学段学生所学的不同课程内容主题，也可以跨越各种不同的评价形式，如校本评价或外部评价；各种形式的过程性评价、形成性评价或终结性评价等，形成关注学生核心素养发展过程的系统性评价体系。这种评价体系和课程、学习和教学过程相整合，就构成一个围绕学生素养发展的评价、反馈、反思、改进和提升的持续性过程，真正实现促进学生核心素养发展的育人目的。

［本文系上海市教育科学 2011 年度重点项目（A1117）的阶段性成果］

（作者系华东师范大学教育学部教授、课程与教学研究所副所长）

（文章原刊于《人民教育》2017 年第 3-4 期）

核心素养的"教"与"评"
——以创新素养为例

师保国

核心素养这一概念具备两个基本特性：第一，核心素养是可教的；第二，核心素养是可评的。为什么说核心素养是可教可评的？核心素养从"落地"到一线教育教学实践，又该如何"教"和"评"？

核心素养的"教"与"评"强调完整性

为什么说核心素养是可教可评的？

首先，从其结构成分来看，核心素养是可教可评的。借鉴以往的研究，素养（competencies）的结构模型可看作是 KSAs，其中 K 是知识（knowledge），S 是技能（skills），A 是态度（attitudes）。这个模型表明，素养是知识、能力和态度三个层面的整合，涉及个体的认知因素和非认知因素。如果一个人拥有丰富的知识和高度熟练的技能，那么他的素养水平"可能"会较高。这里强调"可能"是因为素养的最终表现除了与知识和能力相关，还取决于态度的作用。例如，会开车是有"能力"的，但会开车却不礼让行人或救护车，便是有"能力"而欠缺"素养"，因此"能力"不等同于"素养"，"素养"也不能简化为"能力"。学习或教学的最终目标如果只是掌握知识、形成技能，这种教育培养出来的对象并非"全面发展的人"，因为这些知识和能力未经适当的态度、情感和价值观的转化，不能升级为素养。可见，在核心素养中，"A"的存在至关重要，尤其是在"K"和"S"差别不大的情况下：积极的态度能够有效地促进知识和技能的发挥，从整体上提升个体的素养水平，最终促进个人成功与社会发展；而消极的态度则可能会抑制知识和技能的表现，最终带来负面的结果。总之，核心素养强调在个体身上形成完整的素养，它涵盖了知识、技能、态度等多维度、多层面，而这些方面都是可教可评的。

其次，从其形成发展来看，核心素养也是可教可评的。素养的形成源起于个体的特质与个性，它们构成了素养的基础。借助学习与受教育经验，个体会在这些特质的基础上获得相应的知识、技能或能力，但此时还不能称之为"素养"。只有通过进一步的学习经验的整合，这些知识、技能、能力等在相关工作领域与个体的特质相互作用，最终才能形成"素养"。这些素养还会通过言语、行为等方式"展示"给外界，因而可以得到评估。换言之，核心素养是个体在先天遗传的基础上，经由后天的学习与教育训练而获得的，它能够在特定情境下通过一定的方式表现出来，并被有效地评估和测量。

在 2016 年 9 月 "中国学生发展核心素养课题组"（以下简称课题组）发布的核心素养框架中，创新素养与实践素养并列其中，合称为"实践创新"素养。对此我们并不感到意外，因为无论是从当代国际人才培养经验的视角出发，还是从国内社会各界对学校育人的相关要求来看，创新素养都应该在核心素养指标体系中占有一席之地。那么，以创新素养为例，素养培育应如何开展教育教学活动和评价呢？

素养培育的四种视角

核心素养的形成和发展需要通过学生的学习和教师的教育教学来完成，在具体工作中需要考虑四种视角。

发展的视角

核心素养是在动态的成长教育过程中，通过学生的自主探究和自我体验逐渐形成并不断丰富起来的。以创新素养为例，从最初婴儿期对新异刺激的关注和自主性行为，幼儿期制造新词的现象，到小学时期想象力丰富的看图说话，再到中学时期灵活、严谨、缜密的动手实验与科技制作活动，创新素养在学生身上逐级提升。正因如此，在不同的学段、面对不同年龄的学生时，教学应注意到发展方面的差异，强调不同的内容和使用不同的方法。

例如，学前教育可更多强调儿童的好奇心和想象力，形式上更多借助游戏、绘画、音乐、舞蹈、手工制作等各种活动；小学教育可更重视儿童独立性、好奇心、发散思维等基础性创新人格和创新能力，形式上更多采用与学科教学相结合的方式（如语文课中的看图说话、造句、作文等，数学课中的一题多解、简便运算、自编应用题等）以及课外活动方式；中学教育可更强调高标准的创新品格和领域性的创新知识与才能，形式上除了学科课程学习之外，可更加倚重科技制作与发明等活动。

跨学科的视角

核心素养是跨学科、跨领域的，创新素养也不例外。各门学科都有培养创新素养的义务和功能，只是优势和特色不同。语文、英语学科通过听说读写等言语活动的训练，能够促进学生发散思维的流畅性、变通性和独特性；数学学科通过思考、推理解决问题的训练，能够提升学生发现问题的能力、聚合思维和逆向思维的能力；科学类学科则可以通过动手做实验，促进学生的批判性思维、提出假设与检验假设的能力。

需要强调的是，创新素养的培育不能仅停留在具体的学科领域，而是应该建立在学科基础之上，在要求学生真正掌握学科的本质和概念之后，"统整"学科知识与能力，在教学中充分考虑各学科知识结构的关联性与整体性、相关学科学习内容呈现的先后次序，强化课程纲要知识结构的整体性。

真实情境的视角

创新素养的培育，应重视真实问题解决能力的形成，这既是对传统课程"去情境化"的反抗，又是核心素养发展的关键所在。原因在于，知识的目的、用途、条件和方法等只有在实际使用过程中才能被学习者掌握，从而推动后续的学习迁移。从"为迁移而教"的观点来看，包括创新素养在内的整个核心素养的教学，都应该高度重视情境学习，将学生置于真正的情境中，基于现实世界的真实任务进行学习，让他们把知识与真实的、现实的情境连接起来，有效解决真实任务。

在这方面，可以参考国际上的一些做法，例如北美的"头脑历险"（Odyssey of the Mind）课程模式和"未来问题解决"大赛项目式学习模式。在这些教学模式中，研究课题（如"名人文化""机器人时代"）、研究方法（探究、调研、数据分析）和研究结果（对利益相关群体作公开汇报）的真实性都得到了高度的强调。这既体现出跨学科、跨领域的特点，又显示了情境的真实性和知识的实践性、工具性。

整体素养的视角

实践创新是中国学生发展核心素养框架中一个相对完整的指标。本文为了在有限篇幅中分析和论述的方便，把创新素养暂时与实践素养分离开来。但是，在实际教学工作中，二者不应被分别对待，人们应基于整体素养的视角全面认识它们之间的关系，认识核心素养之间的关系。

首先，实践是创新的基础与依托，实践中总结出的经验与规律是创新的基本来源，创新成功与否也需要在实践中进行检验。没有实践素养作为基本的前提和基础，创新素养就不能存在，甚至无从谈起。其次，创新是实践的提升，创新的理念和行为应作为实践的目标追求，是高水平实践活动的一个衡量标准。不重视创新素养，实践素养将只能停留在简单、机械的重复劳动所具有的知识、技能和态度上。因此，二者是相互促进、相辅相成、和谐发展的关系。教学中，实践素养与创新素养的培育应该是在各种形式的生产劳动（家务劳动、公益劳动等）中通过解决各类问题同步进行的。

核心素养如何评？

首先，我们需要厘清核心素养的内涵。例如，实践创新素养主要反映学生在日常活动、问题解决、适应挑战等方面所形成的实践能力、创新意识和行为表现。

具体到创新素养，我们会更加关注它作为学生应具备的适应终身发展与社会发展需要的必备品格和关键能力的两种表现：一是创新品格，二是创新能力。这一思路与半个多世纪以来人们对创造性的研究发现密不可分，为创新素养的评价指明了方向。

上世纪 50 年代，吉尔福特发表了以"创造性"为主题的美国心理学会主席就职演讲，之后创造性研究迅速成为人们关注的焦点，并经历了人格取向（关注创造者的人格特点）、认知取向（关注创造的思维加工过程）以及社会文化取向（关注社会文化对创新的影响）三个阶段。这三波浪潮的此起彼伏，显示出人们对创新的不同理解：创新既可能表现为一种人格品质，又可能表现为一种思维能力，还可能表现为一种环境氛围。对此，林崇德教授曾总结提出一个观点："创造性人才 = 创造性思维 + 创造性人格"，强调创造性包含思维能力和人格品质两方面内容，即创新素养至少应涵盖创新能力（创造性思维）与创新品格（创造性人格）。前者是指能够运用已有的知识经验，产出新颖、独特产品的能力，体现在问题解决的全过程之中，不仅包括吉尔福特所主张的发散思维（如发现问题、提出假设），还应该包括促进问题解决的聚合思维、批判性思维（如检验假设、反思总结），甚至还应该包括一定的设计和操作能力，能把心中的创意转化为有形的物品。

当然，仅具备这些能力还不能称得上"创新素养"，因为创新还需要一些相关的人格品质与态度，即创新品格，包括好奇心、开放性和恰当的价值观。如果没有这些品格的引领和转化，再高水平的创新能力也不会成为真正的创新素养。显然，对"尿素豆芽""人造鸡蛋""地沟油油条"等事物，我们并不认为这是真正的创新。学校要培养的创新素养，应该是有利于社会、造福于人类的。

因此，学校和教师评估学生的创新素养时，可从创新能力和创新品格两条主线展开。

从创新能力的角度，可采用测验、作品分析、主观评定、同感评估等方法和技术，对学生的发散思维、聚合思维、批判性思维甚至工程思维进行评价。这里可使用的工具包括托兰斯创造性思维测验、南加利福尼亚大学测验、远距离联想测验、创造性成就问卷等。当然，在借鉴国外相关测量工具时，需注意工具的修订问题，考虑项目是否适合中国国情，克服东西方文化差异的影响。学校和教师也可以根据需要自行设计测验，对此应遵循编制程序，开发出信效度较高的创新素养测验。

从创新品格的角度，可采用自我报告、行为观察等方法，对学生的好奇心、开放性、创新态度和价值观等进行了解。在这方面，常用的评价工具包括威廉姆斯创造性人格量表、高夫形容词检核表等。同样，在这方面，学校也可以根据自身特色和课程需要编制更合适的工具。

［本文系北京市社科基金一般项目"多元文化经验对创造性的促进效应研究"（14JYB015）部分成果］

（作者单位系首都师范大学心理学系、北京市"学习与认知"重点实验室）

（文章原刊于《人民教育》2017年第3-4期）

参考文献：

[1] 蔡清田.素养：课程改革的 DNA[M].台北：高教出版社，2011.

[2] Sawyer,R.K.创造性：人类创新的科学[M].师保国，等，译，上海：华东师范大学出版社,2013.

[3] 林崇德.创造性人才·创造性教育·创造性学习[J].中国教育学刊，2000（1）.

[4] Cronenwett L, Sherwood G, Barnsteiner J, et al. Quality and Safety Education for Nurses[J]. *Nursing outlook*, 2007, 55(3).

[5] Jones, E.A. & Voorhees, R.A. *Defining and Assessing Learning: Exploring Competency—Based Initiatives*[M]. Washington, DC.2002.

当"核心素养"来敲门，学校准备好了吗？

核心素养命题的提出

当"核心素养"来敲门，学校准备好了吗？

施久铭

2016 年 9 月 13 日，中国学生发展核心素养研究成果正式发布。研究成果公布只是一个开端，教育从"人"出发的顶层设计最终回归到健康发展、幸福生活、成功应对未来挑战的"人"，将是一个长期、复杂的过程。

站在为未来而改变的门槛上

观念改变行为。没有任何时候像今天一样，教育者意识到"立德树人"的至关重要性，意识到朝向未来培养人的核心素养的重要性。

"育人"为首，教书是途径、手段，育人是目的、根本。关注人的核心素养，意味着这个价值理念的回归。

研究和实践"核心素养"，并不意味着抛弃教育传统。从重视"双基"到三维目标，再到核心素养，体现了中国教育对"育人"目标的不断逼近，要求不断升级。随着基础教育改革挺入"深水区"，课程观、教学观、学生观、评价观要随之升级、重构。

反思是前进的动力。十多年来的课程改革，人们日益重视并确立了课程意识，但我们也看到，课程的概念某种程度上正在被泛化，课程领导力被异化，课程不断做加法，导致学校课程体系不断膨胀。

"核心素养"提醒我们，回到育人原点，思考学校课程的出发点，才能解决当下的"课程病"。

教学观上，素养视角所提供的启示在于，教学者不能仅满足于学生为获得分数、成绩以及标准答案而学习，也不能止步于背诵、抄写、重复练习等低级思维能力，我们更需要考虑怎样对课程内容分析、理解、整合、转化，并内化为学生的素养，特别是培养学生在复杂情境中所需要的综合能力和跨学科素养。

人是具体的，人的素养也是具体的，因此不能忽视学生的差异性。

个性心理倾向、个性心理特征和自我意识等诸多差异错综复杂地交织在一起，构成人的个体差异。素养引领的教育质量提升过程中，对人的心理品质、情商、非智力因素的关注，很大程度上是对个体差异的研究与认识。

比如，在有学术潜力的学生身上，会表现出怎样的气质和特征？他们有可能成绩起伏大，也可能有明显的性格缺点……那么，学术能力强，是否也要求十全十美的人格气质？他们的素养应该往何处引导？再如，专注力强的学生，往往给人的感觉很自我，甚至自私，该怎样科学地认识这种多样性？如何能够既保护专注力又在素养上加以健全引导？

这种差异性不能被简单地打上"标签"，教育的科学性正体现在对个体复杂性的认识程度上。学校教育中，很多问题出现井喷式爆发，恰恰折射出教育研究的薄弱和关注的盲点。

如果所有人都过于关注外显的结果，并被焦虑裹挟时，疏于内心世界、心理健康、精神成长规律研究的"副作用"便会被放大。当我们喊出质量提升、素养导向的口号时，有些必修课需要补齐。

教育界如今言必称"核心素养"，确实有混淆、泛滥的危险。但从积极的方面说，关注愈热，愈显示其重要性，说明"素养时代"确实来临，这其中有某种共识——不同群体间关于教育达成的共识。

我更愿意把当下所谓"素养时代"的来临描述为"为核心素养作准备"的阶段。这个阶段可能会很长，但我们不要忘记，"核心素养"其实是教育在回应来自未来社会的挑战。

虽然人们总说未来由现在决定，每个人似乎永远活在当下，但我更相信，在教育的内心深处，"未来和现在孰重孰轻，愿意花多少努力在未来，多少努力在现在，也可以表明一个国家或一个群体未来的前途"。

用自己的学术逻辑去表达与转化

"核心素养"视角下的学校课程建设，是否要推倒重来？

我们知道，原有基础上的对课程修修补补，零散、增量的方式已不可取，但为了标新立异而另起炉灶，也并非良策。

为"核心素养"而准备，需要落地和转化工作。首先，学校需要找到属于自己的学术逻辑。

学术逻辑从哪里来？从学校文化传统中来，每所学校都有自己的办学传统，有课程教学研究基础上形成的学术传统，但这种传统常常处于沉睡的状态。

传统需要唤醒与梳理。

梳理的过程就是唤醒的过程，例如对办学目标的梳理。有所学校参照"中国学生发展核心素养"，结合学生的年段特点和学校文化，提炼出学校理想学子的形象关键词："正行""好学""乐玩""善交"，以此作为学校的育人目标。还有学校诞生了"核心素养"的校本化表达：天下情怀、身心健康、诚志于学、审美情趣、学会改变。这些表达不是另起炉灶，而是在梳理学校文化传统、学术传统基础上的唤醒与创造，具体并且可操作。

找到自己的学术逻辑，需要实践性知识。这种实践性知识存在于每所学校过去或当下的现实土壤里，存在于对学校文化再认识的过程中。

例如，有所学校一直进行课堂教学改革，致力于对教学环节中"问"的研究。在"核心素养"的背景下，学校也在思考如何在传承优良教研传统的同时连接时代方向。

这其实是大多数学校面临的共同情况。"核心素养"提供了新的观照学校改革的视角，他们很快意识到问题意识和问题解决能力是人的素养结构中的核心技能。

结合已有的研究，他们对中外教学传统进行梳理，发现中国古代的教学传统里大量存在关于"问"的精辟论述："学贵有疑，小疑则小进，大疑则大进。疑者，觉悟之机也。一番觉悟一番长进。"具体分析就是，疑问的呈现形式是问题，问题与人的觉悟、思维的长进直接关联；问题是分层次的，"如果将'大疑'理解为关乎事物本质、洞察事物内因的问题，那么它的产生、探究和顿悟过程无疑是同人的认识水平、理解能力、素养积累、心胸气度联系在一起的"。

在比较研究中，他们发现，美国亚利桑那大学琼·梅克教授曾提出以培养学生能力为目标的"问题体系"，这个体系以"问题"为中心，以"方法"为中介，以"答案"为结果，根据学生能力的发展水平构建了五个层次的练习，层次越高，问题越难，越能培养能力。"问题体系"突出了"问题解决"对开发学生潜能、形成素养的作用。

二者结合起来，他们形成了判断：问题与学生的思维品质、能力、素养培养之间有着密切关系。

在此基础上进行凝练，便诞生了学校的学术逻辑：人的"核心素养"形成需要经历撕裂般的阵痛——只有直面问题的复杂性、多元性、真实性，甚至是在复杂问题群的探索中，才能将"提不出问题的学生"变成独立思考、理性思维、实践创新的高素养下一代。

这个学术逻辑既来自学校的教研传统，又创造性地表达了"核心素养"对人的全面发展的诉求。

当然，学校的文化传统自然包括已有的课程结构。

在"核心素养"视角下，对学校优势课程、课程群进一步梳理、优化的过程，实际上也是再认识学校文化传统，梳理、发掘学术逻辑的过程。

用自己的学术逻辑来表达、转化"核心素养"的时代要求，这是学校迫切需要开展的工作。

从一个班级做起，从一个学科做起，大家都这么做，都改变了，整个大环境也就改变了，也就创设了新的大环境，理念渐渐成为信念。

（作者单位系《人民教育》杂志）

（文章原刊于《人民教育》2016年第24期）

向上飞扬　向下沉潜

——核心素养的召唤和我们的应答

成尚荣

　　学生核心素养是世界教育改革发展的共同主题，成为课程改革、教学改革的重要走向。世界发达国家和重要的国际组织都不约而同研究、制定了学生核心素养，并指导、引领课程改革。我以为，核心素养的核心命意是以人为本，以育人为根本方向和任务。核心素养是知识、能力与态度的综合体现，为此要拓展学生的综合视野，运用综合的方式进行跨界学习。其关键是育德、立德，让道德成为学生终身发展的光源，让道德之光照耀在课程和课堂的上空，让必备品格对关键能力进行道德价值的评判与引领。

向上飞扬：核心素养引领我们追求最高价值，探索并建构育人模式

　　核心素养是一种价值召唤和价值引领。核心素养的落实，不只是方法论问题，首先是价值论问题。所谓价值，是理想中的事实。价值就是在事实面前树起理想的光幕，让理想照耀实践，让实践生成美好的理想，召唤我们去追求教育的理想和理想的教育。

　　无论是教育的理想，还是理想的教育，核心是人的问题，是学生发展问题。不言而喻，核心素养是关于人的，是聚焦人的，是为了发展人的；离开人，核心素养就不是真正意义上的核心素养，就没有任何价值和意义。

向上飞扬，就是引导教育要真正回归人。

何为人？康德的基本判断是，"人永远是目的"；马克思的重要判断是，"人是人的最高本质"；苏霍姆林斯基则认为，"人是最高价值"。老子在《道德经》中说得非常深刻："故道大，天大，地大，人亦大。域中有四大，而人居其一焉。"人和道、天、地共同构成域中四大，这是因为人不仅能够承天接地，而且能够体现道。如此，教育之道，实为人之道，人发展之道，人的最高价值实现之道。学生核心素养引导我们回到这一道上去，归根悟道，实践行道，让核心素养真正落实到学生发展中去，真正实现教育的育人之道。

值得注意的是，这一过程是极其艰难的，有许多严峻的挑战，最严峻的挑战是应试教育。应试教育是以分数、升学率为根本追求的教育，只要分数升学率，其他什么都可以抛却，而所谓教育的理想只是当作汇报、展演的道具和形式。"掉泪掉肉不掉分"是应试教育最经典、最残酷的"法则"，"只要学不死，就往死里学"是应试教育最"震撼人心"、最严酷的口号。应试教育是不道德的教育，是违反人性的教育。这些话是"老生常谈"了，可还得谈。之所以没有真正的根本性变化，是因为总是以"应试也是人必不可少的素养"来证明应试教育存在的合理性、合法性。把应试与应试教育混为一谈，显然是荒谬的。核心素养是对应试教育彻底的批判，是教育的重要转向。这是核心素养的最高价值，是核心命意。

如何对待知识也是一个困惑，这似乎是一个无解的难题，顽固地横亘在前行的路上。我们不是反对知识，而是反对长期以来那种产生知识的方式。知识的孤立存在绝不是核心素养，关键是如何让知识转化为能力。课改以来我们已予以回答了，那就是让知识活起来，让知识"活"在实践中，"活"在情境中，"活"在发现问题、研究问题、解决问题中。"活"是知识到能力的转化剂、转化方式和转化关键。而当下教学中的知识常常是"死"的。学生核心素养非常重视文化学习，提倡丰厚的文化基础，以促进知识的活化至转化，这样才会迈向能力，提升为观念，成为文化。

大环境不利于教育理想的实现也是一种严峻的挑战。这是事实。但是，另一个事实是，评价、考试、升学制度、方法也正在变革，大环境会变得越来越好。对此，我们应当坚信。人总是具有"明天性"的，"明天性"需要"今天"的努力来实现。罗曼·罗兰说得好:"只有把抱怨环境的心情化为上进的力量,才是成功的保障。"对于大环境,我们应当确立这样的信念:不能改变大环境,但只要下决心就一定会改变自己所处的小环境。从一所学校做起,从一个班级做起,从一个学科做起。大家都这么做,都改变了,整个大环境也就改变了,也就创设了新的大环境,理念渐渐成为信念。而理念、信念正是在理想的追求中,坚持改革、乐观前行的结果。

以上这一切可以归结为一个主题:以核心素养为引领,探索、建构新的育人模式。这一模式的实质就是立德树人。立德树人回答了四个问题。其一,育人是教育改革的根本目的和根本任务,而不是"育知识",更不是"育分数"。其二,通过立德来树人。因为道德是"人类的最高目的,也是教育的最高目的"。"国无德不兴,人无德不立。"其三,立什么德,主要是培育、践行社会主义核心价值观,弘扬中华民族优秀传统文化,增强法治意识,立社会之公德,也立个人之私德等。其四,培育和发展学生核心素养,让学生具有必备品格和关键能力,成为社会主义事业的建设者和接班人。而这一总的育人模式,在不同学校有不同的建构方式,形成和而不同的育人模式,表现出不同的特色。在核心素养引领下,绝不会造成学校的同质化。

应答核心素养的召唤,我们的思想在向上飞扬,精神在向上,视野在向前。核心素养以人的最高价值唤醒我们,以教育的理想鼓舞我们,以民族振兴的未来激励我们,我们应当有这样的责任感、使命感。

向下沉潜:在实践中探索,在变革中进步,让核心素养找到落脚的地方

任何理想总要有自己落脚的地方,核心素养同样要落地。大家已形成共识,思路是清晰的:落实在课程中,落实在教学中,落实在评价中,落实在学校管理中……总之,要落实在行动中。

落地,落实,就需要向下沉潜,把核心素养落脚的地方夯实。向下沉潜不仅需要实,还需要深,在实中求深,以深促实。无论是实还是深,首先是"变",即改变自己。联合国教科文组织在《教育:财富蕴藏其中》提出四个"学会",2003年又提出第五个"学会":学会改变。社会在改变,中国在改变,世界在改变。我们不改变,就会落后、落伍。学会改变就是

主动适应社会，说到底就是改变自己。课改的历程和经验一次又一次证明，不改变教师，就不能改变课程和教学，课程教学不改变，学生就不能改变，核心素养就会成为一句空洞的口号。我们应当以自己的改变带动以下改变。

关于学校课程的进一步完善——厘清关系，走向综合，防止和克服一些不良倾向。所有课程在学校汇集，拥有一个新概念：学校课程。校本课程只是学校课程的一种形态，是学校课程的一个有机组成部分。学校课程不等同于校本课程，概念使用中的混乱是需要匡正的。

学校课程这一概念本身意味着，课程是可以在学校进行统整的，各自打开边界，加强相互间的联系。课程的综合化是课程改革的趋势，这是因为综合性是核心素养的核心特征，需要综合培养。同时，学生的创新精神常常在课程的交叉地带得到培育和激发，学生的创新行为也常常发生在课程的边缘地带。

当下，我们在课程的综合方面还做得很不够，综合之路还很长，对课程综合的理解还有失偏颇。我以为，对课程综合的理解，一是理念，二是方式，三是过程，四是课程形态。我们把重点只放在课程形态上，而忽略了理念、方式和过程，显然是不全面，也是不准确的。当教师具有综合的理念和方式时，就会自觉经历这一过程，即使是立足于一个学科，也可以实行综合。这样，综合就成为大家的自觉行为，形成一种创造的气象。

加强学校课程建设要防止和克服以下一些不良的现象和倾向。

首先，注重课程的综合和校本课程的开发，不能忽略国家课程的实施。众所周知，国家课程是国家规定和开发的，是国家意志的体现；是专家学者和优秀教师深入研究、反复论证而成，是高标准、高品质的，是学生核心素养培育和发展的最基本又最重要的保证。因此，实施国家课程，能有效实现教学目标和育人目标，必须十分认真地对待。国家课程有着独特的存在价值，需要加强综合，但不能将其"综合"掉，也不能将其弱化。而当前这样的现象是存在的，如不改进、调整，会成为一种倾向，十分危险。

其次，校本课程也有独特的价值，不仅是对国家课程的补充和拓展，而且在培育学生个性方面有着不可替代的地位和作用。但这绝不意味校本课程越多越好，绝不能在数量上比高下，而应在内涵品质上下更大功夫。此外，校本课程的目的也不能定位于发展学校特色，其宗旨仍是与国家课程形成育人合力，育人才是其根本宗旨。

最后，学校课程开发要注重规范化建设。一是没有必要也没有可能将学校所有活动都开发成课程，给学生留下一点自主发展的空间也许比填满学生生活空间的课程更有价值。二是课程有其规定性，尤其是应当满足作为课程的元素要求，这样才具备课程意义，才能真正成为课程。而当下，开发的随意性、盲目性普遍存在，对此也应当加以改进和调整。

关于课堂教学改革——坚持以学为核心的教学法则，在促进学生自主学习和跨界学习中，核心素养得到培育、得以发展。教学与课程有大小之分，却没有主次轻重之别，要将教学改革作为课改深化的重点，用真正的教学、优秀的教学来支撑核心素养的培育和发展，为学生核心素养的培育、发展提供良好的、丰厚的土壤。

我以为，核心素养导向下的教学改革，总的思路应当是：真正确立教学育人的核心理念，以课程整合为背景，以学会学习为中心，以学习活动设计为基本策略，以现代技术为支撑，引导学生在真实、丰富、优化的情境中探究体验。

真正确立教学育人的核心理念。苏霍姆林斯基曾经对一位物理老师这么说："你不是教物理的，你是教人学物理的。"美国教师雷夫也有同样的观点："我不是教课的，我是教人的。"这不是对学科、对课的否定，而是说，如果教学只止于学科，止于教科书，止于课程，那是远远不够的，还没触及教学的本质——教学生学习，让学生在教学中成长起来。的确，人是最高目的。清华大学附属小学校长窦桂梅提出的"让学生站立在教学的正中央"正是这一核心理念的生动表达。这样的核心理念，要求教师研究学生，研究学生是怎么学习的，研究学生是怎么在学习中发展起来的。这样的教学才是超越知识的教学，才是真正的道德课堂，是以学生发展为本的教育。

以课程整合为背景。课程与教学没有主次轻重之分，它们是紧密相连的。课堂教学应当在课程的语境和框架下展开，这样的教学才会有大视野、大格局。而课程应当走向综合，因为课程综合为学生搭建了更宽阔的学习平台，与其他学科、生活、世界发生多种联系，产生丰富的意义。课程背景下的学习，其实质是跨界学习，引导学生思维更活跃，学习方式更多样，心智更丰富。

以学会学习为中心。教学不是教和学，而是学生学会学，这是教学的一条法则，是教学的根本任务；学生创造性学习，是教学的最高境界。学习、学会学习、创造性学习是学生核心素养的内在要求，是学生核心素养的具体体现。遗憾的是，当下的课堂还没有真正落实这一教学的法则，学习还没真正发生。究其原因之一，是教学结构没有发生真正变化。而教学结构改变的原则应当以学定教，即一切从学生的学习出发。由于学习的发端是多样的，教学结构也应是多样的、灵活的。以学为中心，绝不能忽略教师的教，只是教师的教是"不教之教"。我们应谨记，核心素养蕴藏在自主学习之中。

以学习活动设计为基本策略。学习是一种活动，真正的学习发生在学习活动中；教学活动的实质是学习活动，没有学习活动不可能有真正的学习。不言而喻，教学应当由一系列相互联系、相互递进的学习活动组成。因此，教师进行教学设计时，在明确学习目标以后，应当紧紧围绕学习内容，精心设计学习活动，引导学生参与活动，而且要成为活动的发出者、创造者。值得注意的是，这样的学习活动充满思维的含量和思维的挑战性。让学习真正发生，是让学习活动真正发生，让学生的思维真正发生、真正活跃起来。

以现代技术为支撑。现代技术的运用能力是学生核心素养的基本内涵和要求，用现代技术支撑教学、改革教学也是必然趋势。我们应当更加关注，更加重视，更深入研究，更切实运用。现代技术只是工具，不是目的，但是工具可以撬动教学改革。要特别研究工具与教学的关系，让工具退到后面，让学生站到前面，绝不能让工具与学生抢"地盘"、抢"风头"，而是让学生成为工具的主人，使用工具，甚至可以创造工具。在这个过程中，培养学生的工具素养，生长起核心素养。

以上这一切，是一种学习情境。教学就是让学生在这样的情境中探究、体验、发展。教学改革落地了，学生发展核心素养也就有了落脚点。

（作者系国家督学，教育部中小学教材国家审查委员会委员）

（文章原刊于《人民教育》2017 年第 3-4 期）

核心素养的课程转化

核心素养的最终指向是教育的高质量
——浙江省杭州师范大学附属中学的实践探索

周丽婷

　　普通高中既是基础教育与高等教育之间的桥梁，又承担着育人的功能。然而在现实中，对升学率的片面追求，导致普通高中的育人功能被淡化。

　　近年来，浙江省杭州师范大学附属中学（以下简称"杭师大附中"）以"培养什么样的人""如何培养这样的人""如何架构课程体系来实现培养途径"的逻辑顺序，对这三个问题进行了深入探讨，并从"核心素养"的视角进行了"草根式"研究。

基于具体课程建设的核心素养体系

　　为高等教育输送高质量的学生，是普通高中的共同追求。但何为高质量？德、智、体、美全面发展是一个理想目标。人是有差异的，不同学校的学生构成也是有差异的。因而，从理想目标到具体落实，还需要学校结合大的教育方针，从实际出发，对学校的办学理念、育人目标进行合理定位。

　　随着课改的深化，2012 年我们将办学愿景描述为"办一所令人尊敬的高品质学校"，同时对学校办学理念进行了重新梳理——从"为学生的成才打好基础、为教师的发展搭建平台"转变为"努力寻找适合学生的教育"，突出学生的主体地位。在此基础上，杭师大附中逐步形成"德育提升'三自'（自尊、自信、自强）精神，课程满足选择需求，教学适合学生发展，办学格局融合多元文化"的学校特色发展思路，明晰了"自信个体、成功学习者、负责任公民"的三位一体的理想毕业生形象。

理想毕业生形象勾勒出学校全体教育工作者的育人追求，反映了学校多年教育实践积淀生成的教育理想，是指导学校教育实践的全局性、纲领性育人目标，但缺乏可评价性。2013 年，学校从人与自我（自主发展）、人与工具（文化修养）、人与社会（社会参与）三个维度开始了学生发展核心素养的研究和实践。2016 年，《中国学生发展核心素养》正式发布。基于此，学校不断调整和完善校本方案，构建了支撑理想毕业生形象、指导具体课程目标建设的杭师大附中学子核心素养。如"自信的个体"即指自主发展，"成功的学习者"即对应文化素养，"负责任的现代化公民"对应社会参与。

而落实到操作层面，具有明确指向性的十大核心素养的落地，需要借助学校课程体系建设、学教方式重构、评价方式转型来实现。

基于核心素养的课程体系建设

我们将国家课程纳入核心素养体系，通过核心素养联结学校育人目标与课程体系，并根据核心素养目标开发校本特色课程群，构建适应学生发展和满足学生选择的课程体系，推进育人模式的转变。

一方面，分级细化学科素养。杭师大附中十大核心素养从整体上设计了学生适应终身发展和社会发展需要的必备品格和关键能力，贯穿各个学段，融合于各个学科与活动。而各学段、各学科在实施时，将核心素养分解转化为学科素养才更具生命力。我们将学科素养目标分成三类：一是贯彻国家和地方课程实施的学科素养目标，通过制定各学科课程建设纲要，明确各学科的具体素养目标；二是全面整合学校德育活动，以"三自精神"为基础构建学校德育课程素养目标；三是指导学校多学科统整，形成特色项目课程的学科素养目标。这部分目标不是第一类素养目标的简单叠加，而是基于项目特色的有机整合。三类目标根据不同类型课程的特点进行分级细化。

以第一类素养目标的细化为例，学校组织骨干教师团队，从学科知识、学科学习方法、学科思维和价值观等层面，自下而上架构金字塔形学科素养，通过编写学科课程纲要规范各学科、各学段的教学目标（将学科素养分段细化）、教学内容选择（选修与必修的有机融合）、教学进度安排、考试节点建议等内容，让国家课程的校本化实施和选修课程的校本化建设有据可依。

此处，分类架构课程体系。学校将核心素养与学科素养关联，建立从知识向能力、从能力向素养不断提升的发展水平等级标准，并借此对学生核心素养的发展进行观察评估，构建具有附中特色的"人"字结构课程体系（见图 1）。

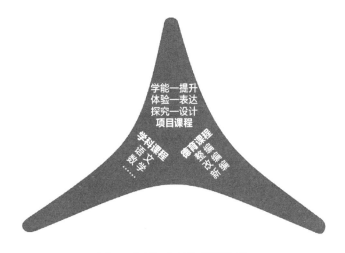

图 1 "人"字结构课程体系

其一，学校积极探索深化课改背景下的德育模式，完善基于德育导师制的德育活动课程。以多元的德育课程开发、动态的德育课程实施、有效的德育课程管理为目标，尊重生命个体的独特性，努力构建学生的精神家园，培育提升"三自"健康人格。

其二，在开足开好国家课程的基础上，依据学校"一体两翼"的办学结构特点，根据学生差异与不同选择，制订不同的教学进度方案，以适合不同知识结构的学生差异化学习的需求，让教学适合学生。新疆部学生结合必修课程内容，增加先备知识的教学内容；国际部学生结合必修课程内容，适当拓展与国际课程衔接的教学内容，并互认学分。

依据学生基础知识状况、智力水平、学习动机、学习方法、潜在能力等方面的差异，以"尊重差异与选择、动态反馈与递进"为原则，对语文、数学、英语课程实施分层设计。根据不同学生的兴趣特长与专业倾向，对七选三课程（物理、化学、生物、政治、历史、地理、技术）实施分类设置。遵循学生的兴趣爱好与特长，体育、艺术实施分项适配。体育课程下设篮球、足球、乒乓球等子课程；艺术课程下设声乐、书法、国画等子课程。学生根据自己的兴趣爱好，每学期选择体育、艺术课程中的各一门子课程进行修习，保证杭师大附中学子能掌握一项艺术技能和两项体育技能。

其三，建立彰显学生个性化发展的特色项目课程群。核心素养与课程的关系是复杂而综合的，这就需要通过跨学科课程建设来达成。为此，我们建立了三大特色项目课程群：

"学能—提升"课程群以"认知素养"为核心，在原有的经典阅读、思维课程、英语口语课程、大学选修课程、AP课程的基础上，整合各类课程资源，进一步开发以提高学生学习能力为核心的相关课程，如绘本与哲学等。

"体验—表达"课程群以"跨文化素养"和"自我管理素养"为核心，在原有课程的基础上进行筛选与创新，凸显文化融合。如利用新疆部民族优势开设"大美新疆"课程，利用国际部文化优势开设"西方文化"课程等，对原有的多元文化融合课程群进行改造；开发与开设高中生职业生涯规划、认识自我与认识职业、大学专业介绍等课程，并以"我们的舞台""我们的声音""我们的足迹"等活动课程为载体，对德育课程群进行重构。

"探究—设计"课程群以"生态素养"和"数字化素养"为核心，在原有的西溪湿地课程群六大子课程的基础上进行优化与重组，进一步完善和提升以"生态素养"为核心的西溪湿地系列课程。原有的 ICT 课程群包括虚拟机器人、flash 公益广告设计、Office visio 应用制图、电子商务、Visual Basic 入门等已有一定的规模，子课程与核心素养的关联度也较高。在此基础上，我们针对各学段学生的课程需求、学习兴趣，围绕数字化素养下的具体化课程目标，对 ICT 课程群进行统整，并帮助学生把所学知识与实际生活联系起来。

基于核心素养的学教方式重构

从教师改变教学方式入手，从优化学生学习方式出发，是教学提质的根本途径。在当下的常态课堂教学中，知识灌输与技能训练仍是最基本的教学方式，我们通过重构以"核心素养的落实与内化"为内核的学教系统，改变以知识为本的教学现状。

首先，建立选课走班制。创新选课走班教学组织形式，建立行政班和教学班并存且相互配合的管理组织体系。行政班的主要功能是增加学生的归属感，增强集体意识，提高集体荣誉感。学生的集体活动如德育活动课程、自修、艺术节、运动会、体育活动等都以行政班为单位完成。教学班的主要功能是满足学生的个性化学习，充分体现适性教育和差异化发展。学生的所有学科课程、项目课程等教学活动，都以教学班的组织形式进行。

为了引导学生学会规划与选择，学校统筹安排选课节点、学考节点、选考节点等，在此基础上编制"学生课程手册"，详细说明各类课程的定位和功能、各学程的课程安排、考试要求、选课程序等，学生根据自己的需求，结合手册说明，在班主任与成长导师的指导下形成合理的课程修习方案。

同时，完善成长导师制，指导学生选课走班。学校有较完善的学生生涯规划指导制度，通过相应的课程和活动，帮助学生认识自己，妥善处理自己的兴趣特长、潜质倾向与未来社会需求的关系，提高学生生涯规划能力和主动发展能力。学校为每一个学生配备成长导师，负责学生的德育、生涯规划、学法指导、选课指导和心理疏导等工作。

构建学生自主发展的管理模式，是选课走班制度下培养学生自我管理能力的必需。学校尊重学生个性，创设一切有利于学生身心发展的活动，建立学生自主发展的管理模式。学校通过制定杭师大附中走班管理制度、成立年级学生自主管理委员会、编写学生手册等形式，逐步构建完善的学生自主发展管理模式。

其次，转变课堂教学形态，提高课堂教学的适切性和有效性。在学教形式上，学校突出了三大特点："三分"设置、自主探究、合作竞争。

学校尊重学生的差异与选择，根据学生学习情况，实施学教"三分"（分层、分类、分项）设置。教师以各学科课程建设纲要为准则，根据各学科素养的分级目标对不同学生进行指导，设置不同层次、类别、项目的作业，让学生都能体验学习成功的快乐，在选择中发展核心素养。

学校引导学生在体验中学习，变"被动、单一、无视学科差异"的方式为"主动、多样、尊重学科性质"的方式。学校倡导教师开展扁平化生源状态下课堂学教新模式的研究，倡导教学过程中关注学生的主动性问题、师生的互动性问题、学生的思维发展问题，关注学生的深度学习与核心素养的内化过程。例如，在西溪湿地课程群的教学设计中，我们带学生到西溪湿地实地考察，设置了西溪湿地水质监测、龙舟文化探寻、西溪双语导游、西溪诗会、西溪湿地建筑艺术等项目课程，让学生完成采样实验、实地访谈、亲身体验、模拟设计等活动，引导学生在活动中学习和思索、认知和行动，让学生在真实情境中提升并内化生态素养。

在教学策略选择上，通过课前导学、小组合作、组际竞争等方法，促进学生对知识的理解、迁移和运用。学校借助互联网技术，将个性化学习分析系统、课后答疑系统、学科难点微课系统等引入教学，丰富学习渠道。

自下而上的全员参与推动核心素养落地

学校提倡基于学生核心素养开展个性化、差异化发展性评价，因而，在学生评价中贯彻了生本性、过程性和发展性。

强调生本性评价。根据不同层次、不同类别、不同特长的学生进行差异化评价，凸显学生在原有基础上的进步。学校各教研组编制的学科课程纲要成为教师课堂教学的行动纲领，我们引导教师将学生各阶段学科素养的落实情况作为学科目标达成的重要依据，并为进一步教学提供诊断信息。

注重过程性评价。坚持过程性评价与终结性评价相结合的原则，完善学生成长记录，全面准确地将课程修习情况、个性特长发展情况记入学生成长档案，并借助电子班牌系统将过程性评价成绩及时向学生反馈，有利于学生针对自己的学习情况调整学习状态，优化学习方式。

实施发展性评价。充分发挥评价的导向和激励功能，不仅关注学生的学业成绩，还注重发现和发展学生多方面的潜能，关注学生的成长过程。

从教到评价，核心素养的真正落地，最终取决于教师的课程领导力，因此提升教师的专业素养和实践智慧显得尤为重要。

从育人目标的确立至核心素养体系的构建，我们采取的是自下而上的"草根式"研究模式。通过教工大会宣讲、组建骨干教师团队、征求各层次教师意见、实施后的反馈论证等形式，让尽可能多的教师参与其中，做到人人知晓学校的培育目标与核心素养体系。

各学科组在组建核心研究团队的基础上，对本学科的课程标准、核心素养的学科转化、学科素养的分级设置等内容都开展了多次主题教研活动。

学校还采取不同形式开展全员培训，引导教师进行学生学习力现状调研，开展课堂教学的课题研究。尤其加强对青年教师的培训，通过设立学术论坛、读书沙龙、学术节、学科节等方式，提升青年教师的业务能力。

（作者单位系浙江省杭州师范大学附属中学）

（文章原刊于《人民教育》2017 年第 3-4 期）

带着思想去实践
——核心素养落地的"123"路线图

李永强

我国学生发展核心素养出台后，如何在教育实践层面找到适合本校的落实途径，是每所学校最关心的问题。学校怎么做，教师怎么教，学生怎么学，所有这些都考验着办学者的智慧。

从历史中寻迹，在经验中发掘，重庆市巴蜀小学在寻找核心素养落地的力量过程中，实现了新的生长。

"两个读懂"

任何教育改革的落脚点都在学校，在课堂，在教师。回望学校80多年的发展历程，课堂教学一直是巴蜀教育改革的主旋律。2013年以来，学校一方面紧跟国家核心素养研制的进程和内容，及时加强教师的学习和理解；另一方面，以课堂落地为抓手，探索核心素养的校本转化途径。在这个过程中，我们深切地认识到，核心素养不仅是专家的事情，更与学校、教师、课堂息息相关。结合巴蜀学校教育改革经验，我们认为，核心素养落地首先要解决"两个读懂"问题。

一是读懂学校。读懂学校就是从学校实际出发，从教师实际出发。每一所学校都是独一无二的。不同的学校，面对不同的学生，有自己的个性发展路径。此外，在核心素养落地的力量中，教师永远都是关键力量之一。读懂学校的一个基本命题就是读懂教师。我们的教师有没有面对改革的勇气和经验？有没有不断学习和自我更新的欲求和能力？只有通过每一位教师的观念和行动转变来优化常态的教育现场，教育改革才有可能真实发生。

二是读懂儿童。如果读懂学校是立足点，那么儿童永远是教育的出发点与归宿点，永远是教育过程中最核心、最根本的元素。儿童是学校教育的主体，是具有能动性的教育对象，他们在一次次的教与学中获得知识与精神成长。读懂儿童，就能够在教育前行的路上，不断地认准和把握住自己的方向。

秉承巴蜀"创造一个新的学校环境，实验一些新的小学教育"的建校宗旨，学校提出并践行"与学生脉搏一起律动"的办学理念。我们主张"因生而动"，强调好的教育就是要把儿童的身心潜能充分地挖掘出来，让每一个儿童的身心优势自然地展现出来，让他们真正成为自己生命的主人、自己成长与发展的主人。

"两个读懂"是指导巴蜀"律动教育"实践的原则：让儿童成为学习的主人，让教师成为课堂的创造者。

历史揭示了答案

我们一直在拷问自己：作为一所基层学校，如何理解国家教育改革战略的要求并落实到位？立足学生发展价值取向的教育改革，与巴蜀历年来的实践研究有什么异同？

站在历史的时间轴中，我们慢慢找到了答案。

84年前，巴蜀小学诞生了，学校开启了努力探索"趋合时代，适应潮流，发扬文化，扶植思想"的小学教育之路。建校之初到20世纪80年代改革开放，学校课堂改革的目标是"朴实、落实、扎实"，以达到"基本知识"和"基本技能"的"双基"要求。而后又持续进行了16年的创造教育研究。这一时期，课堂是"教师向学生高效传授知识的地方"。

新世纪以来，建构主义、多元智能等学习理论的引入，给教师教学的固有观念带来了极大冲击，新课改的目标开始强调对学生情感、态度、价值观等的培养。学校以"与新课程同成长"为主题，每年举办"互动论坛"展开大讨论，促进教师更新观念，推动课堂三维目标的达成。这一时期，课堂将"学科内容"与"学生发展"作为共同的追求。

2009 年，巴蜀提出了"与学生脉搏一起律动"的办学理念，同时正式启动研制"三年行动计划"，分别侧重围绕学生的三大素质，即行为素质、思维素质和情感素质，开展了三年"课堂大练兵"活动，由此进一步推动了学生全面素质发展与提升。更为重要的是，这一时期，课堂展现了教师自身认识和教学方式实实在在的改变。

2012 年，学校第二个"三年行动计划"开启，新课程改革也进入了理性反思阶段。学校循着对学科育人目标意识的强化，在多年"综合实践活动"开展的基础上，研究提出了"基于学科的课程综合化实施"巴蜀课改路径。无论是参与式教学研究，还是项目学习实践，都着力从关注每一位教师的课堂，到关注学习方式的变革、让学习成为每一个学生自主展开的过程。这一时期，巴蜀课堂是"让学习真正发生"的地方。

进入第三个"三年行动计划"，巴蜀人注意进一步落实 84 年前创始人提出的"趋合时代，适应潮流"的办学目标，顺应国家关于教育发展和现代学校制度建设的精神，把课改目标进一步确定为"发展学生核心素养"。

从 2014 年提出并开始研制"巴蜀儿童核心素养"，到 2015 年形成征求意见稿，再到 2016 年研究成果发布，我们以"寻找核心素养落地的力量"为主题，研制并开始了第三个"三年行动计划"的实践探索。我们强调任何学科的内容、任何教育活动以及延伸到校外的亲子教育、社会实践活动等，都是促进人全面发展的载体，都指向学生的基本核心素养。在这一时期，课堂是师生生命共同成长的教育场。

对学校课堂教学改革目标和内容的演进进行梳理，回望巴蜀教育改革的学术逻辑，我们欣喜地发现：学校多年的实践，正暗合了国家对核心素养的研究方向。

我们还发现，对历史的梳理，以及对传统的继承发扬、融会贯通，本身就是核心素养落地的力量。

带着思想去实践，在实践中出思想

中国学生核心素养的发布，是教育顶层设计对"培养什么样的人"的回应。由于各地各校的文化传统不同、教育传统不同，因此要使国家提出的核心素养真正落地，就特别需要每一所学校对顶层设计作出回应，在实践层面寻找核心素养落地的策略和路径。

巴蜀历来信奉"做的哲学"。在"做"的过程中，我们始终以课堂教学改革为"牛鼻子"，将学校自下而上的实践探索和自上而下的顶层设计相结合作为行动策略，带着思想去实践，在实践中出思想。据此，我们形成了推动核心素养落地的"123"路线图。

坚持 1 种方法——问题思维

我们提出的实践方法是坚持问题导向，团队作战。为此，我们组建了一个核心研究团队，成员由学校行政、学科主管、学术委员构成，并成立了 15 个"律动研究室"，以工作坊的形式开展常态教研。通过"头脑风暴"，研究团队梳理出对核心素养落地的诸多问题困惑，形成"问题串"，然后带着"问题串"采用走出去、请进来的办法，与专家、同行反复讨论，明确"问题串"中的主干问题，并最终确立将课堂教学的进一步改革作为撬动的支点。基于学科课堂，通过日常教研活动，循序渐进，开展研究。

强化 2 种意识——目标意识，综合意识

思想是行动的先导。结合课题组、行政部门、教研机构、一线教师等不同层面的意见，我们对教师提出强化两种意识的要求。

一是目标意识。核心素养是指向完整人发展的指标体系，而不是针对某一个学科提出的。但教师在实践中很容易站在学科本位的角度看待学生和课堂，所以要让教师充分理解核心素养的本质属性，以此来对照、反观原有的育人目标系统，并不断追问、审视自己的教育教学行为。

二是综合意识。核心素养以培养"全面发展的人"为核心，就需要教师拥有综合育人的意识，也就是要注意充分发挥各个学科的独特育人价值和各个学科穿透学科的综合育人功能。对巴蜀来讲，就是要用核心素养引领近年来所开展的"基于学科的课程综合化实施"改革，使课程以综合的形式为完整人的终身发展服务。

依托 3 个支点——课程、课堂和评价

课程、课堂、评价，这既是课题组提出的核心素养落实途径，又是巴蜀多年课改实践所证明的重要依托支点。

支点 1：建设"律动课程体系"。

学生发展核心素养是"一套经过系统设计的育人目标框架"，因此，课程的顶层设计尤为重要。巴蜀逐渐由传统的以学科内容为中心转向以学生能力为中心的律动课程体系——包括基础学力课程、生活实践课程和潜能开发三类课程。

支点 2：选点课堂。

核心素养是一个整体，需要通过各学科课堂落地。首先，我们尝试对学科特质进行校本化解读。如语文学科学生发展核心素养为"一爱三会"——爱母语、会读书、会思考、会表达。

其次，选择一个学科特质，如"会表达"，作为研究的切入点，进一步明确其具体指标的主要表现及水平，并通过课堂教学转化这一核心素养的关键点，进行系统建构。这个点是落地的切入点、突破点和成长点，无数的点编织起来形成学生的综合素养。

例如，语文学科通过 A（3+1+N 律动习作）培养学生 B（会表达）的学科特质，即以"会表达"为切入点，进而明确其具体指标：言之有理、言之有趣、言之有物、言之有序、言之有法、言之有情。

再次，制定可以用于表现性评价的质量标准，以推动、诊断、检测核心素养的培养。

例如，二年级语文学科"言之有趣"包括三个水平（具体见表 1）。

最后，通过课堂现场进行大练兵。通过专题讨论、研究课等，教师之间相互交流，共同学习并真正转化，从学科教学走向学科教育，从教学技术走向教学艺术，从学科知识走向学科文化。

表 1　二年级语文学科"言之有趣"

水平一	乐于表达、喜欢写话	情感维度
水平二	能围绕一个意思说清楚、写通顺	内容维度
水平三	会写连续、并列、总分等句群	方法维度

支点 3：评价协同。

近年来，我们从一年级开始进行学生综合评价改革，通过过程性、表现性评价，协同课堂教学改革，激发师生的主体自觉意识，找到自我成长的力量，真正推动核心素养落地。当然，这也是我们的一个难题，我们将紧随国家研究步骤，不断总结自身实践经验。

实践证明，学校指向核心素养的教育改革取得了显著的成效——学校的课堂文化变了。今天，"文化"已经成为育人过程中最为重要和最为关键的元素。巴蜀教师站在课程综合的理念下，从学科教学走向学科教育，从关注知识点的落实转向素养的养成，进一步转变教学方式和育人理念。巴蜀的课堂已经变得更加开放、民主、平等。师生互动、生生互动更加频繁，课堂更具有生命的活力和生活的气息，文化的意味更加浓郁、厚实，逐渐形成"生动、互动、灵动"的课堂样态和"尊重、激发、共生"的课堂文化。

（作者单位系重庆市巴蜀小学）

（文章原刊于《人民教育》2017 年第 3-4 期）

是什么决定了教室的尺度？

丁小彦

　　"核心素养"指向的是人的全面发展，它在特定学科的具体化，是学生在学习一门学科之后所形成的具有学科特点的必备品格和关键能力。因此，学科的育人价值是什么，基于学科特质学生需要发展的核心素养又是什么？对这两个问题的追问，是核心素养落地的关键。

　　2009年，重庆市巴蜀小学提出了"爱读书、善思考、会表达"的9字语文学科核心价值追求。2015年，学校开始研究学科核心素养，并对巴蜀小学语文学科的育人特质进行了再次修改和校本化解读。

"一爱三会"的语文学科核心素养

　　所谓"一爱三会"，是指爱母语、会读书、会思考、会表达。

　　爱母语：爱历史——热爱祖国悠久的历史；爱文化——热爱祖国灿烂的文化，热爱祖国语言文字，热爱语文课程；爱生活——在生活中学习、运用语文。

　　会读书：读世界——广泛地阅读各类书籍，在书籍中认知世界丰富的多元文化，主动学习自身未知领域的各类知识，提高认知的广度和深度；读生活——通过文字抵达自身无法经历的生活世界和情感世界，树立良好的人生态度，焕发高昂的生活热情；读自我——以书为鉴，用书中美好的形象和向上向善的思想进行自我灵魂的净化，陶冶高尚情操。在丰富的阅读体验中培养良好的读书习惯，掌握正确的读书方法，达成"能带着脑子读书，读有价值的书，会有价值地读书"的目标。

会思考：具有社会主义核心价值观和勤于动脑的良好习惯，形成"善理解""会质疑""有创新"的思维品质。善理解——在学习和生活中乐于思考，能充分理解他人观点，有思维的广度和深度；会质疑——能主动追求真理，大胆质疑，具有批判精神；有见解——对待事物不人云亦云，有自己的独特观点，能适时提出建设性意见。

会表达：能倾听——有倾听他人讲话的习惯；有自信——在与人交流中，能文明、自信地与人沟通，吸纳他人意见，明白有效地表达自我观点；善交流—— 练就"一双灵耳朵""一副好口才""一手好文章"。

有了这样的思考和研究后，我们紧紧围绕"一爱三会"对语文学科核心素养展开了系统的课程建构和实践研究。

课程文化决定一间教室的容量

雷夫曾说："一间教室能给孩子们带来什么，取决于教室桌椅之外的空白处流动着什么……是什么东西在决定教室的尺度——教师，尤其是小学教师。"这给我们的启发是，教师以及课程文化决定了教室的内容和教室的容量。

经过长时间的摸索和研究，在认真执行国家课程体系的基础上，我们重新建构起"自主学习文化、主体课堂文化、语文拓展文化"相结合的语文课程文化系统，试图打破传统课堂模式，让语文课程学习活起来，让课堂内容丰富起来。

自主学习文化：一是文本预习。课前自主学习是语文学习的起点，我们推行课前自学"六部曲"：自学生字；朗读课文；联系上下文、查字词典理解词语；说说课文写什么；思考课后练习，在书上作好批注；提出问题。二是资料收集与整理。课前主动收集整理资料，课堂运用好资料辅助学习，课后再整理收藏。三是阅读规划与评价。自主规划自己的课外阅读，做好相关记录，评价自己的阅读情况。

主体课堂文化：一是和谐的课堂氛围文化：课堂生动、互动、灵动。二是发展的课堂学习文化。建立学习共同体，改变课堂教学的学习方式，保证在分层实施的学习活动中，既有面向全体的"合"环节，又有兼顾个体的"分"环节，一般流程为：营造情境（合、分）—主体探究（分）—协作学习（合）—迁移运用（分）—总结拓展（合、分），以保证每一位学生的学习权利。三是多元、个性化的作业文化。

语文拓展文化：一是经典诵读，每天坚持诵读。二是课外阅读，依托校本教材《我是快乐小书虫》引领学生系统阅读、记录、评价，培养学生爱读书、会读书的情感和能力。三是实践作业，开拓课外实践空间，学生在生活、实践中学习。

围绕"一爱三会"，我们还开发出丰富多彩的系列校本课程，如儿童课外阅读课程、综合性学习课程、律动习作课程、律动演讲课程等，满足学生个性化发展需要。

2011年，我们编写了一至六年级《"我是快乐小书虫"巴蜀儿童星级阅读手册》，共计12册，每册（每期）向学生推荐60首经典诵读书目，推荐60～80本课外读物，打通阅读的纵向联系；编写了校本教材《一诗一文一著》，每篇课文链接相关的古诗词和著作（或文章），打通经典诵读、课文学习、课外阅读的横向联系。用崔峦老师的话说，就是把"课外阅读课程化，课外阅读课堂化"。我们还搭建了展示平台，把"读""讲""演""评""写"结合起来，让语文教材"立"起来。巴蜀孩子的语文学习不再局限于一本薄薄的教科书，他们的语文生活也不再局限于40分钟的语文课堂，世界皆是孩子们的课堂，孩子们由此走向丰富多彩的世界。

在开发"快乐小书虫"课程时，我们注意用学生喜爱的方式激励他们，激发学生的阅读兴趣。学生每背诵一首、一段（篇）经典，每阅读一本课外书籍，都会获得相应的小树苗，再将小树苗贴在教室阅读墙上。

快乐小书虫·星级证书

同学：

在二年级上期的星级阅读中，依据学校星级阅读标准，你被评为星级

"快乐小书虫"。希望你不断努力，取得更好的成绩。

重庆市巴蜀小学

我们看到象征着课外阅读书目的"小树"在每个班的墙壁上茁壮地生长，每读完一本书，"小树"就会长一截，这既像一个比赛，又像一个游戏。实践证明这种方式效果明显，很多学生一年的阅读量达到 100 本以上，多的达到 300 本以上。

"会表达"既是核心素养中的重点，又是学习中的难点。据我们观察，大多数学生都不喜或不善表达，进而害怕表达。怎么改变这种情况呢？我们研发了《"3+N+1"律动习作》校本教材，全面建构习作教学体系，明确分层、系统的习作目标，为学生提供丰富的写作素材，教授各种体裁的写作方法。

"3+N+1"有着丰富的内涵：

3——指依据课标和教材内容，每个年级练好写实文、想象文、交际实用文三类习作。

N——一是指拓展教材，开发 N 个配套训练；二是指与 N 个学科开展跨界综合，如二年级语文与美术综合进行绘本写话创作；三是结合教师特点，研发 N 个特色课程，如儿童小说创作、儿童诗歌创作、图文日记、剧本创作等。

1——每学期开展一次以上的语文综合性学习实践活动，引导学生在活动中实践创意写作。如语言情景剧创作、旅游攻略编写、"创意生活我支招"表演剧本创编，以及各项实践活动的方案设计、过程记录、访谈、创意说明书、调查分析、研究报告、建议书等交际实用文。这样的习作真正树立了学生的运用意识和读者意识，做到了真表达、真运用、真作文。

在这套教材中，我们深入研究了各年级的目标体系。

一年级：言之有"理"——把话说清楚，说明白，有礼貌。

二年级：言之有趣——把话说精彩，说生动，说出情趣。

三年级：言之有物——把内容说具体，说形象，说得栩栩如生。

四年级：言之有序——把内容说得有条理，有层次。

五年级：言之有法——灵活运用各种写作技巧，有章法可依。

六年级：言之有情——文字间流淌着丰富的内心情感和对生活的独特感受。

从"教"堂变"学"堂

课程文化和课程体系重构的结果是：打破了传统课堂模式，"教"堂变"学"堂，"教"室变"学"室，无论是课前预习、课后总结，还是课堂教学，真正做到了以学生为中心。

课前预习环节引导学生质疑，鼓励学生在自主学习中提出问题，树立问题意识，教师依据学生疑难问题修改教学方案，组织学生有效地学习。

课堂上强调合作学习，鼓励开展对话交流，引发思维碰撞。整个学习过程以学生"学"为中心，教师与学生一起创造、生成课程。经过不断探索，创生了巴蜀课堂教学的"五方法"。

一是"起"（起问）：课堂用学生问题来开启。问题把课堂教学内容引向学生最想要学习的部分，以激发学生的求知欲、探究欲，让学生充满兴趣地进行学习。

二是"承"（导向）：承接，导向目标。学生提问后怎么办？教师的导向尤为重要，教师应将学生诸多问题综合提炼，与教学核心目标加以统整，引导学生聚焦核心目标，在达成核心目标的同时解开学生心中的疑问。

三是"转"（合作）：课堂教学转向构建学习共同体，合作学习。这是转变学习方式、课堂真正实现"人人律动"的关键点。

四是"结"（辩法）：通过辩论，总结提升学习方法。学生在合作学习中习得的方法、获得的知识，需要在全班进行交流，通过讨论对比达成开放性学习共识。在此过程中，也培养了学生流畅表达、对比辨析、总结提升的能力。该环节是知识、方法构建的重要节点。

五是"拓"（实践）：给予空间让学生自主实践。课堂上一定要让学生动手动口实践，练就语文基本功。拓展实践还包括给学生推荐经典诵读篇目、课外阅读书目、实践活动主题等，将课堂与广阔的阅读、生活空间连接起来。

一堂课结束后，注重方法的总结，引导学生用思维导图方式梳理一节课学习的知识要点、规律方法，有利于知识沉淀和迁移运用。

传统课堂模式被打破后，我们也在试着重新定义课堂，加深课堂内涵，扩展课堂外延，形成基于学科的课程综合化实施的"小中大课堂"（学科小课堂、年级中课堂、社会大课堂）一体化育人模式，使学生从传统教室小课堂生活回归到完整丰富的学校生活，使语文教学走向大教育。

为了让每个学生都能享受到优质的课程和教师资源，我们根据每个教师的特质开辟特色年级中课堂，学生走班上课，同年级学生一起上课，改变课堂结构。

例如，冯栎钧老师的年级中课堂群文阅读课程，根据六年级上每一个单元的不同内容，选择了不同的作家作品，集中选材的是民国时期 10 位大家的作品，每个星期给全年级学生上一次大课。

生活处处是语文。语文其实是一门应用性很强的学科，语文的课堂边界要比教室辽阔得多。在学习完《长城》《赵州桥》《颐和园》等一组课文后，我们带领学生开展了一次探寻重庆市旅游景点的语文综合实践活动。学生通过查阅资料，确定研究走访的地方，制订出行方案，与教师一起完成《洪崖洞徒步游览指南》。活动课堂能够有效地培养学生的语文学科素养，如通过查找资料学会筛选有价值的信息；现场游览后即兴写作导游词，培养了学生应用作文写作能力；几人一组录制视频，锻炼了学生的口语表达能力。

核心素养下的语文教学正在悄然发生变化：教师在变，课堂文化在变，课程体系在变，课堂教学方式在变。所有这些都指向学生主动学习、主动发展，这也是核心素养落地的理想状态。

（作者单位系重庆市巴蜀小学）

（文章原刊于《人民教育》2017 年第 3-4 期）

核心素养与学科素养

核心素养培育要落实到学科教学的四个层次

任学宝

落实：中国学生发展核心素养的难题

随着 2016 年中国学生发展核心素养的提出，中国教育正式从知识时代进入素养时代，学生不再是冷冰冰的分数和知识点的集合，而是具化为兼具文化基础、自主发展、社会参与等必备品格和关键能力的"人"，中国式"毕业生形象"也愈发显得具象清晰。

然而，我们应清醒地认识到，学生发展核心素养的提出仅仅是让中国教育有机会站在世界之林，但能不能站好、站稳则需要看从核心素养提出到学生具备关键能力的转化过程。换言之，只有学生真正具备六大核心素养，这场"素养革命"才宣告成功，这就是学生核心素养的落实问题。

美国当代教育学家古德莱德提出课程的五层次理论，他将课程分为五个层次：第一层次为专家、政府和学术团队提出的"理想的课程"，最后一个层次为学生实实在在体验到的"经验的课程"，这当中还需要经历"正式的课程""领悟的课程"与"运作的课程"，分别对应国家（地方）课程规划、教师对课程标准和教材的理解以及教师在日常教学中真正实施的课程。

这五个层次的课程与核心素养的落实路径极为相似。目前，我们提出的三方面六大素养仅仅是"理想的素养"。我们希望学生能真正形成和具备这些必备品格和关键能力，这就是"经验的素养"，其中，核心素养还需要经历国家和地方的改编与实践、教师对核心素养的领悟以及教师的课堂教学实施等。

古德莱德及后来的研究者提出，每一层次课程的转化有可能存在信息的缺失，从而造成理念设计与学生实践经验之间的"两张皮"现象，导致所教所学非所想的情况。因此，如何避免核心素养在理念设计与学生实践经验之间的"两张皮"现象，成为当前落实核心素养最大的难题。

教研：核心素养落实的关键力量

2009 年、2012 年上海在 PISA 考试中的优异表现吸引了包括英美在内的西方国家对中国教育的好奇，研究者都在探索促进中国基础教育发展的"秘密武器"。香港大学原副校长程介明指出："上海的 PISA 测试成绩之所以独占鳌头，很大程度上归功于上海基础教育的教研体制。教研是一种中国特色，在提高教师专业素养方面起到很大的作用。现在全世界对上海的教研体系都感到很有兴趣。"教研这一颇具中国特色的教育研究互助体系逐渐为世人所知。

在"全国首届教研创新论坛"上，教育部基础教育课程教材发展中心副主任刘月霞将教研员定位为"教师教学的专业指导者、区域教学研究的组织者、国家和地方改革政策的转化者和教师专业发展的促进者"。这些角色充分体现了教研系统在中国基础教育改革发展中的重要性。其中，"国家和地方改革政策的转化者和教师专业发展的促进者"的角色定位，更是明确了教研系统在"正式的课程""领悟的课程"及"运作的课程"三者之间的协调转化功能，而这也恰恰是学生核心素养从理念落实到学生个体品格和关键能力的最重要环节，是攻克"两张皮"现象的"主战场"。因此，我们认为，教研系统在核心素养落实中扮演着极为重要的角色，甚至可能成为核心素养能否顺利转化的关键力量。

上述角色定位凸显了教研系统的重要性，也赋予了教研系统巨大的责任。如何促进核心素养落地成为每个教研人都必须思考和实践的问题。

我们曾提出实现学生核心素养具体化、易操作化的三条途径，即基于学科核心素养的课程体系建构、基于核心素养的课堂教学以及基于核心素养的评价。其中，借助学科课程教学落实学生核心素养是最直接、最有效的途径，也是教研系统支持核心素养落地的最主要抓手。

学科教学研究一直是教研系统的主要任务之一。作为与学生最接近的媒介，日常的学科教学除了承担学科知识、学科方法的传递外，还承载着立德树人教育理念的渗透。学生核心素养的提出为中国教育的培养目标提供了指导，但同时也带来了困惑，那就是如何将这一素养培养落实到具体的日常教学中。

最近，浙江省各学科教研人员组织了一系列基于核心素养的教研活动，活动内容从知识体系的建构到学习方法的变革，从评价目标的科学化到学科文化的形成等。随着教研的不断深入，我们发现，学科教学发展的最后即是学生的核心素养，因此，我们提出通过学科教学落实学生发展核心素养，从而真正为培养中国特色的"毕业生"提供实践支撑。

学科：基于教研支持核心素养落实

从学生核心素养到学生的必备品格和关键能力，必须借助学科教学这一媒介。完整的学科教学不仅是知识点的集合，也不仅是一种方法或能力，学科教学具有系统性。我们认为，一门学科的教学涉及四个层面：知识层面教学、方法层面教学、思维层面教学以及文化／价值层面教学。四个层面由表及里，层层递进，代表学科教学的不同层次，形成学科教学四大维度。学生核心素养通过学科落实到学生个体，可能需要经历这四个层次。

第一层次：构建国家、地方、学校三级学科知识体系

知识层面的教学是最清晰、最容易被人感知的，但借助知识教学落实学科核心素养也是最困难、最复杂的。知识点往往是琐碎的、无序的，而核心素养是系统的、多维度的能力和品格，所以将知识点形成体系是落实核心素养的重要途径。

目前，知识体系的建构在国家层面有学科课程标准，但课程标准的描述尚较为泛化，无法直接指导一线教学，而地方和学校则缺乏对国家课程标准的再阐述，未建立起区域学科课程体系，这给教师基于核心素养开展教学带来一定的困难。而我国实行的国家、地方、学校三级课程体系给不同层级赋予了相应的权利，因此，地方和学校应该积极探索，构建符合本地区区域属性、学生特质及培养目标的学科课程体系。

在区域层面，浙江省教研室在 2006 年就结合智库资源，研制了《浙江省普通高中新课程实验第一阶段学科教学指导意见》，对各学科、各模块的教学内容、难度、进度提出本土化实施的具体要求，并于 2009 年、2012 年和 2014 年进行了三次修订，形成《浙江省普通高中学科教学指导意见》，以适应各阶段改革的需要。随着学生核心素养的公布以及学科核心素养的不断明确，浙江省也在积极谋划对学科教学指导意见进行再修订，从而为落实核心素养的本土实践提供支持。

在学校层面，浙江省借助普通高中学科基地学校的培育工作，鼓励和指导学校根据地区、学校、学生的特点建构符合本校实际的学科课程体系。目前，第一批 50 所普通高中学科基地学校和第二批 49 所普通高中学科基地培育学校均完成了本学科课程体系建构，并从某一学科出发，梳理和建构了本校的课程体系。学校课程体系已成为浙江省普通高中的"标配"，也成为学校开展日常教学活动的重要参考和依据。

例如，作为浙江省第一批普通高中语文学科基地，温州市瑞安中学提出建设以"我语文"为主题的语文学科课程体系，将教学主体、教学内容和教学目标三方面有机结合，形成必修课程、选修课程和研究课程三级语文课程体系。为满足不同学生的需求，瑞安中学还围绕语文学科核心素养完善了三层次的阅读和写作学习框架，将核心素养落实在具体的语文教学模块中。

第二层次：以学为中心的课堂教学范式变革促进方法论渗透

从知识点教学上升为方法论教学，体现的是学生对知识的内化和总结，方法论是学生通过探究、整合、总结后对现有知识的一次梳理，更接近核心素养的表征。事实上，我国基础教育一直十分重视方法论教学，但一线教学关注的方法论往往被狭隘地理解为解题方法，缺乏对实践问题的解决，而后者也正是学生核心素养最为重要的内涵之一。

具体到学科教学，由于每门学科都有其特殊性，我们无法为每门学科实施基于核心素养的方法论教学提供支持。但综合各学科的实践，学生核心素养通过学科方法论教学进行渗透需要强调两个维度，即学生个体性和学生主体性。

一是通过学生个性化发展促进学生方法论的提升。对于同一学科，不同学生有不同的学习方法，关注学生个体的教学是促进学生形成个人方法论体系的有效手段。浙江省从深化课程改革开始建议学校根据本校实际探索走班教学，高中阶段推进必修分层、选修分类、体艺分项的走班教学；初中探索分层走班教学可行性；小学进一步推进小班化教学，关注小规模学校建设和微班教学。随着个性化教育的不断加强，学生的主体意识也随之强化，学生开始从"大锅饭"的教育模式逐渐走向关注个人实际的教学新样态，学生有足够多的时间和精力形成个人方法论体系，为核心素养的落实提供保障。

二是以课堂教学变革为核心改革中小学教育。浙江省自 2011 年开展省中小学教学改革试点项目，出现了诸如"学为中心"课堂建设、学习力发展教改项目、以小组合作制为代表的教学模式变革等教学新样态。这些教学改革试点的共同点是转变以往教师主导的课堂教学，强调学生在教学中的主体性。以"学为中心"的课堂建设为例，该教改项目提出"学为中心"不是一种教学理念，也不是一种模式，而是以学生为中心、以学习为中心，是建立在"以生为本"基础上的一种教与学关系的共识。强调"学为中心"是希望通过重视学生主体性促进学生自我学习能力的提升，从而关注学生内在方法论的形成。

对于核心素养来说，在学科教学中渗透方法论教学是从点到面的一次飞跃，学生核心素养的基本特征需要学生更多地关注综合性、复杂性的情境。因此，落实核心素养必须关注学科方法论的教学，并以此为基础不断向上、向内深入。

第三层次：以综合课程和科学评价促进学生思维水平提升

学科思维与学科方法不同，如果把学科方法教学比作技法教学，那么学科思维的形成则是习惯养成，两者是工艺技术与工匠精神的区别。因此，与学科思维相比，学科方法更符合学科核心素养关于必备品格和关键能力的定义。形成学科思维意味着学科教学不再局限于学科知识传授，不再局限于解决本学科难题，而应逐渐成为学生的一种本能，逐渐成为学生思考解决其他问题的一种思考路径。

如同习惯养成是一个漫长而困难的过程一样，学科思维的形成也需要日常教学的不断渗透。因此，核心素养借助学科思维教学落实到学生则更难却更有效。学科教学在促进学科思维完善方面有何作用？教研系统该如何促进学生学科思维的形成和完善？这些问题成为教研人员必须面对和思考的难题。为此，浙江省教研系统在丰富自我内涵的同时积极引进外部资源，以先进经验和评价改革推进学科思维对核心素养落实的作用。

一是借助国外先进经验促进师生形成学科思维。浙江省与美国国际教育荣誉学会（KDP）共同主办了中美 STEM 教育论坛，中美双方通过课程、报告及小组交流方式分享两国在 STEM 课程理论与实践中的探索，极大地促进了省内教师课程整合及解决真实情境任务的教学等跨学科思维的形成。这次论坛对教师重构学科观、树立跨学科整合思维提供了很好的平台，也为教师在课堂教学中渗透相关学科思维提供了良好的样板。

二是借助评价助推学科教学走向思维习得。STEM 课程给教师带来了学科思维的前沿成果，参与 PISA 及新课程标准评价测试给学生带来了学科思维的新视角。浙江与甘肃作为新课程标准评价的实验省份，我们提前体验到未来评价变革的方向，那就是基于真实情境的问题解决能力。为此，浙江省教研系统通过做好教育部中小学教育质量综合评价改革实验工作，逐渐转变传统的知识点评价，转向考查学生学科思维水平和综合能力应用等方面，以评价倒推学生学科思维的形成。

第四层次：走向核心素养的学科文化

学科教学的终极目标是帮助学生形成本学科特有的文化。这种文化有时是以价值观的形式呈现，如历史学科的学习目的之一是希望学生通过对国内外历史的梳理，形成新时代的爱国主义价值观；有时是以基本能力呈现，如学习数学学科中的推理，有利于学生形成大胆假设、小心求证的科学能力。学科文化比学科思维更进一步，相比于学科思维，学科文化已不局限在解决问题或者思考问题方面，而是将学科特质融入学生日常的生活或活动，形成学生为人处世的基本态度和必要手段，这就是学生的必备品格和关键能力。因此，当学科教学上升为学科文化教学时，与学生核心素养的距离就无比接近，甚至可以认为学科文化就是学科核心素养的另一种表达方式。

如何提升学科文化教学尚未形成具体的路径或方法，浙江省教研人员通过大力深化以选择性教育思想为指导的中小学课程改革，以提高育人质量为中心，深耕常规教学研究，尝试探索教研方式改革，以综合教研和学科教研协同发展的方式，期望能促进学科文化在课堂教学的不断渗入与实现。

我们期望以学科核心素养对学生核心素养进行具化，从而为学科教学提供方向和目标。而通过教研促进学科文化的进一步提升，也是下阶段浙江省教研系统需要着重攻克的难题之一。

从知识到方法、到思维，再到价值观的形成，我们不难看出，学科教学的深入其实就是学科不断走向核心素养的过程。因此，学生核心素养不再是高高在上的空中楼阁，它在教育教学中有着最为重要的媒介，那就是学科。做好学科教学的改进和完善，便是对中国学生核心素养落实的有力贡献。

（作者系浙江省教育厅教研室主任）

（文章原刊于《人民教育》2017 年第 3-4 期）

口述历史教学：人性化达成学科核心素养

张雪亚　倪　仲

专家认为，历史学科核心素养包含唯物史观、时空观念、史料实证、历史解释和家国情怀五大内容。口述历史教学是达成历史学科核心素养的一个有效途径。

口述历史教学大致可以分为两类：一是引用口述史料进行历史课堂教学；二是运用口述历史的研究方法进行探究性学习。

在历史教学中如何运用口述史料

英国学者路易斯·斯塔尔认为："口述历史是通过有准备、以录音机为工具的采访，记述人们口述所得的具有保存价值和迄今尚未得到的原始史料。"[1] 口述史料与其他类型的史料相比，更为有血有肉，亲历者的现身说法能生动叙述过去，还原历史现场，让学生身临其境，较之冷冰冰的文献记载多了几分温情，拉近了学生与历史的距离，也提升了课堂的实效性。

我们在历史课堂教学中可以围绕课程标准，明确素养目标，精选口述史料，建构历史情境，探究历史问题，从而解释历史，有助于学生形成正

---

[1] Louis Starr, "Oral History", in David K. Dunaway and Willa K. Baum eds. *Oral History: An Interdisciplinary Anthology*, p40.

确的价值观。

我在进行"抗日战争"内容的教学时，运用了崔永元《我的抗战》一书中的诸多口述史料，包括共产党员、国民党员、普通民众等亲历者的口述资料，让学生探究抗战胜利的根本原因——全民族抗战使我们取得了第一次反对帝国主义的完全胜利，从中体会团结一心的民族精神，形成国家历史认同。

在历史课堂，教师还可以运用口述史料和其他类型的史料进行互证，通过对多种史料的辨析，判断史料的真伪和价值，逐渐养成"孤证不立、多重印证"的实证精神，并提取有效信息，获得可靠证据，据此解释历史，提出自己的历史认识。

我在进行"西安事变"内容的教学时，运用了唐德刚《张学良口述历史》一书中的口述凭证、张学良《西安事变忏悔录》以及《中国近代史纲》中的文献记载等多种类型的史料，让学生归纳不同史料对西安事变的不同表述，并引导学生从材料出现的背景、史料作者的意图等方面分析成因，进而分析影响史料真实性的主客观因素，从而培养学生的历史实证意识。

如何运用口述历史的研究方法进行探究性学习

运用口述历史的研究方法进行探究性学习，学生能全程参与课题的确立、背景资料的收集、口述访谈的执行、口述资料的整理以及后期的应用评估。学生可以在深刻探究过程中收获学科基本知识，习得学科关键技能，养成学科思维品质。更重要的是，这是一门"人性化"课程，学生作为探究活动的主体，会在潜移默化中达成历史学科核心素养。

我依托锡山高中人文课程基地平台，得以突破历史课堂的时空限制，专门开设了"大家来做口述史"校本课程，使得口述历史研究方法有了真正的用武之地。介绍下吴雨琪同学所做的"我家的户口簿"口述历史课题。

吴同学是一位 90 后，对"户口"这个词挺陌生。在一次村里的外来租户问当老师的妈妈能不能上当地小学时，才听说了户口与上学之间的关系，引发了她对户口的兴趣。于是，她以"我家的户口簿"为主题，采访了老中青三代家庭成员，从自家的户口变迁（身边的历史）追寻近半个世纪苏南农村的变革。

针对这个课题，吴同学自主收集了大量的背景资料，包括"户口"的来源、功能，"户口"在新中国发展的历史等。在此基础上，选择了三个典型时期的样本：上世纪六七十年代爷爷奶奶的户口、八九十年代爸爸妈妈的户口、21世纪堂哥的户口，将其置于历史的时空背景中，折射当时农村的社会生活。作为认识历史的"两只眼睛"，我们可以通过"特别的时间"和"特定的空间"认识特定历史事件的历史意义，培养学生的时空观念。

奶奶说："一年到头，去掉雨雪天，冬天闲里头（方言，意指不用干农活的时间段），年收入不足200元……你大姑婆是城里的工人，在无锡市绣品厂做清洁工，每天工作8小时，星期天可以休息，每个月有四十几元工资，还发粮票布票，不知比我写意（方言，适意、舒服）多少呢！"

妈妈说："当时洛社师范的录取分数线是638分，我们班里居民户口的600分都不到。想想都不公平！这不是又一次证明农村户口要比居民户口低一个档次吗？"

爸爸说："当我们的恋爱关系明朗化时，户口问题就成了阻碍！周围人都认为你妈妈是鬼迷心窍，吃错了药，居然要嫁给农村户口的男人……1995年年初，我们家门前要建沪宁高速公路，征用了一些土地，每家有一个名额可以花3000元买居民户口。我毫不犹豫地买了，这样我也成了'非农户'，你外公外婆面上也有了光彩，你妈妈在亲戚朋友和同事面前也挣回了点面子。"

吴同学通过这些口述史料理解了为什么那个时代大家都拼命要争取"居民户口"，也深切感受到城乡户口的差异，心里颇为"愤懑"，这促使她进一步去追寻深层次的原因。

妈妈说："我们国家工业化起步晚，程度低，就业机会少，农业人口规模巨大。所以，要优先解决城市户口的年轻人的就业问题。农村人没有工作可以种田养活自己，而城市人唯有工作才可以生存下去。"

……

听完妈妈的话，吴同学有些释然，她继续收集资料，进一步了解到"二元制"户口管理制度背后的特殊国情，继而理解了这一制度存在的合理性。这个过程其实就是一个史料实证和历史解释的过程，学生从历史表象中发现问题，通过史料的收集和分析，对历史事物之间的因果关系作出解释，从而得出与历史研究相近的结论。

爸爸说："你堂哥考上了大学，户口可迁可不迁，自愿。你伯父伯母很纠结：万一迁出去了，户口性质变了，就回不到农村，将来拆迁就享受不到赔偿及补贴……"

堂哥说："我想把户口迁到学校所在地，以后在南京找工作，具有大学本科以上学历或中级以上职称，可在城市落户和就业。"

爸爸说："我们村里的外来租户，他们的身份信息在电脑里都有登记，已等同于本地人，只不过户籍不在这里，政府也对他们平等关注，在城市稳定就业和居住的外来务工者，他们的子女到政府指定的公办学校读书，缴费与本地学生一视同仁……"

吴同学从堂哥迁户的争议和外来人员落户政策中发现，城乡附着在"户口"上的身份、地位、福利等差异正在逐渐缩小，从中体会到社会的发展和进步，同时也看到这种"不平等"并未完全消除。她在理解的基础上提出了自己的愿景："我们期待在同一片大地上的两种人，能看到同样的蓝天——'城里人''乡下人'不再意味着等级差别，'中国公民'将是我们唯一的称呼。户口，这一中国特殊的人口管理模式，一定会退出历史舞台……"这是家国情怀的体现，是公民意识和历史责任感的体现。

"访谈让我了解身边的历史，而且感受特别真切：对于普通群众而言，以前的户口实质是一种身份的认同、地位的体现，爷爷的'户主'承认了其在现实生活中的地位，奶奶的'户别'反映了在当年那个时代的经济地位、社会差异；妈妈改变'户别'，就是改变命运；最富戏剧性的是我父亲和堂兄，一个是需要交钱才能改户口，一个是自主选择迁与不迁。这不能不说是一段特殊的历史，我家户口变迁从一个很小的角度反映了近半个世纪苏南农村的户口变革史。"吴同学切身体会到社会发展的规律性，这是唯物史观的最好例证。

吴同学在完成自己的口述历史课题的同时，通过历史与现实的对话，找寻历史发展的逻辑，透过表象看到历史发展的本质，形成认识历史的思维方法和正确的历史价值观，在不知不觉中提升了上文述及的历史学科的五大核心素养：唯物史观、时空观念、史料实证、历史解释和家国情怀。

诚然，基础教育阶段核心素养的达成要依托各个学科，但核心素养本身是具有跨学科性的，而口述历史本身也具有"跨学科性"的特点，它几乎包含了全部的社会科学。比如，口述历史的完成需要多个角色的分工合作；口述历史的访谈需要新闻学的采访技巧；受访者的选择需要社会学的社会调查和统计方法；口述历史的转录和编辑需要语言学的表达方式；口述历史的解释需要哲学的诠释学理论和心理学理论；口述历史的收藏需要图书馆和档案馆的编目与保存知识；口述历史的传播需要掌握各种新媒体操作方法等。因此，学生在做口述历史的过程中，能获得各项能力的全方位训练，包括语言能力、交际能力、合作能力、组织能力、调查能力、技术能力等，这些都指向"全面发展的人"这个目标。

中学口述历史教学的实践反思

不管是口述历史教学的哪一种类型，在收集和运用口述史料时都需要注意，口述史料既有原始性和生动性的优点，又具有一定的主观性，这是由亲历者自身年龄、记忆、素养和立场等因素所决定的，所以要精选口述史料，看其是否符合史学的基本原则，是否与文献史料相互佐证等，这样才能使得有声有色、生动形象的口述史料在历史教学中发挥其应有的作用。

即便是有校本课程这样一个很好的平台，中学生做口述史还是会受到一定的时空限制。因此，一方面要尽可能寻求学校、家庭、社会的支持，比如可以与学校的社区活动和社会实践相结合，学生可以采访养老院的老人等；另一方面，在选题时，以家族史、校史、地方史、社区史等为主题较容易找到受访人，所受的时空限制也较小，更有利于研究的展开。

最后要做到"教学评的统一"。基于素养目标的教学也一定要有基于素养目标的评价，以评价促进学习。我们在口述历史校本课程的评价设计中尤其要重视这一点。

（作者单位系江苏省锡山高级中学）

（文章原刊于《人民教育》2017年第3-4期）

创客课程：让学生形成"带得走的能力"

胡晓军

2014 年，江苏省锡山高级中学的"想象·创造"课程基地被江苏省教育厅批准立项。基地开发了以探究、实践为主要学习方式，以科技孵化器机制实施的创客课程，并以专业社群的形式建成多元化师资队伍，努力让学生的想象力"落地"。课程基地以"融技术与艺术，在想象中创造"为目标，让学生体验造物的快乐，激发想象力，提升创造力，使通用技术、信息技术、艺术、物理等学科知识在身体力行中成为"带得走的能力"。

它不是精英学生的俱乐部

我们理解的创客课程不是精英学生的俱乐部，而是面向全体学生的一门常态化实施的课程。创客课程是"想象·创造"课程基地的 30 多门选修课程之一，每一个学生都可以自主选修。

开设这门课程的目标，是让每一个学习过创客课程的学生都会用一种工具语言，制作一件物化作品，完成一本工程日志，撰写一篇研究论文。

会用一种工具语言，需要学生能够使用图形化或者代码编程界面，编制一段控制开源硬件的程序，指向"创新设计（通用技术）和计算思维（信息技术）"。

制作一件物化作品，学生使用车、钳、铣、刨、磨等工具以及激光切割机、3D打印机等设备，制作一件可以触摸到的创新作品或互动媒体作品，指向"物化能力（通用技术）和艺术表达创意（艺术）"。

完成一本工程日志，学生要绘制图纸、记录过程，像工程师一样设计和工作，指向"图样表达能力（通用技术）和工程思维（通用技术）"。

撰写一篇研究论文，要用学术的语言表达思考，用规范的图表和文字呈现研究，指向"科学的态度与责任（物理）"。

创客课程内容要解决现实世界中的真实问题，而不是书本知识和范例模仿；课程的学习方式是学生"做中学""创中学"，而不是接受式学习。创客课程综合了信息技术学科的编程，通用技术学科的机器人、电子、材料，物理学科的结构、力学，艺术学科的设计等学科元素，用研究性学习方法组织教学。

课程实施与评价：几近真实世界的科技孵化器机制

我们在创客课程实施和评价中引入以色列科技企业孵化器的运行机制，主要包括四个环节。

项目先导期。学生面对、关注现实世界的真实问题，尤其要聚焦社会热点问题和特殊群体，提出解决方案。于是，就有了学生提出、设计的"危化品仓库管理火灾预警及自动灭火系统""帮助老人寻找物体的追踪器"等项目。

项目论证期。学生酝酿的项目在教师指导下不断完善，依次经过孵化器经理（教师）、孵化器项目筛选委员会（教师小组）的审查，才能进入下一个周期。

项目孵化期。学生在创客空间学习必备知识，提高实践能力，在此期间，教师为项目提供所需的硬件设备和学术指导。当学生作品需要资金时，还可以申请"校园风险投资""学生创业银行"的资金支持，直至完成项目，形成物化作品。

市场培育期。这个环节也是学生的课程评价阶段。通过创客作品、工程日志、研究论文三个维度对学习进行评价，对于特别优秀的项目，提供专利申报、产品研发、联系工厂等服务。

科技孵化器运行机制下的创客课程实施与评价，接近于真实世界，学生获得的体验丰富、支持充足。运行两年来，我校"创客"课程班学生孵化项目 40 余个，先后获得全国科技创新类比赛一等奖 10 余项，获专利 20 多人次，在 2016 年澳门国际创新发明展中获金牌 4 枚。

创客师资从哪里来

创客课程从无到有不过是近两年的事，缺乏专门师资。尤其是这门课程融合了多门学科的元素，对教师的知识面提出了较高的要求。创客师资从哪里来？这是亟待解决的问题。

为此，我校组建了 STEAM 专业社群，来自信息技术、通用技术、艺术等学科的教师自发地组成一个学术性研究团体，承担创客课程的教学任务。专业社群有相对固定的教学研讨、交流活动时间和地点。每学期还有专门的"晒课"活动，教师把自己的课录下来进行深入解析。实践中我们认识到，仅有校内教师的参与还不足以解决日常创客教学中的问题，于是又邀请了来自高校专门从事萃智（TRIZ）研究的教师加入社群，帮助学生解决项目设计中遇到的创新难题。

在创客课程实施中，有一位教师负责编程和项目设计教学及孵化器运行。在项目实践中，有的项目小组需要用到设计的知识，艺术学科教师会进行个别指导；有的小组要研究单片机，通用技术学科教师会给予专题指导；有的小组是做发明创新，就可以咨询高校的专业教师；工业设计方向的学生，则可以与新南威尔士大学驻我校的外籍教师商量。

创客教师队伍里还有一个"高校学长团"。我校学生谢超是江苏省科技创新"省长奖"的获得者，他用先后在南京和香港获得的 4000 元奖金建立了学校的"Bull B"奖。他每周都会从上海返回母校，对创客班里自己擅长的项目指导 3 个小时。"高校学长团"是在校学生的同龄人，他们交流起来更顺畅，还可以将高校里最新的信息传递给在校学生。

我校的创客课程形成了"STEAM 专业社群＋外聘高校教师＋高校学

长团＋外籍专家"的多元化师资队伍。

在锡山高中的开放式校史馆中，有一幅于右任先生在 1932 年为学校题写的"双手万能，力求实用"的字。创客课程就是要让万能的双手成为智慧、高明的教师，让学生在真实的项目实践中对知识保持浓厚的兴趣。

（作者单位系江苏省锡山高级中学）

（文章原刊于《人民教育》2017 年第 3-4 期）

如何实现普通高中"每天一节体育课"

秦洪敏

"锻炼健康强壮之体魄",是江苏省锡山高级中学"十大训育标准"之首,也是学校始终恪守的教育哲学。

校长唐江澎认为:"如果能在操场上看到一张张笑脸,看到一个个锻炼的矫健身影,看到孩子们走出游泳池时有点疲倦的幸福感,体育教育的目标也就实现了。"学校在与百年历史、当下使命和世界潮流的对话中,确立了"教育成全人"的终极价值追求,凝练出"生命旺盛、精神高贵、智慧卓越、情感丰满"的人才培养规格。

做终身体育的践行人和健康生活的拥有者

"生命旺盛"的基础是人的终身健康。对于体育学科来说,核心是要锻炼学生健康强壮的体魄,掌握终身体育的技能,锤炼坚毅奋进的品质,培养团队合作的精神,养成良好生活的习惯。这要求教育者立足学生的当下,着眼于学生的未来。

为此,学校在体育与健康课程标准精神与要求的指引下,提出了"做终身体育的践行人,做健康生活的拥有者"的体育学科宣言。它体现了体育学科的价值追求,为学生的发展和体育教师的工作追求指明了方向;这也与体育与健康课程标准提出的学科核心素养"运动能力、健康行为、体育品德"不谋而合。其中,"做终身体育的践行人"指向"运动能力","做健康生活的拥有者"指向"健康行为"与"体育品德"。

基于以上认识,在国内顶尖专家团队的指导与论证下,学校根据自身人才培养规格中关键词的英文首字母,即 B——Beauty 美感、E——Energetic 旺盛、T——Teamwork 团队合作、O——Outstanding 卓越、P——Passion 激情,提出"巅峰"(BETOP)体育课程,并以"天天一节体育,每天锻炼一小时,健康工作五十年,幸福生活一辈子"为理念,构建与实施"巅峰"体育课程,旨在让学生通过系统化、系列化、个性化的体育课程学习,增强体质,增进健康,提升终身体育的意识与能力,促进学生"生命旺盛",推进学校特色建设。

建设课内外一体化体育课程体系

为全面贯彻《中共中央国务院关于加强青少年体育增强青少年体质的意见》等文件精神,我们有效落实体育教学、课外体育活动和大课间活动一体化的阳光体育运动,确保学生每天锻炼一小时的要求。

学校基于课堂教学、课外活动以及大课间活动在核心目标上的一致性,同时为拓展体育课堂的时间和空间,整合并有效利用校内外体育资源,将体育教学、课外体育锻炼、课余训练与竞赛等活动纳入课程,整合每周 2 节体育课、2 节体育课外活动和 1 节班会课,形成"4+1"的课程实施方式,并以整个年级为单位的选项分层教学为基本组织形式,以课内外体育活动目标对接、内容衔接、组织连接、评价链接为要求,构建与实施"巅峰"体育课程。

"4+1"是指在坚持早操与大课间活动的基础上,每周进行 4 节体育课和 1 节体育拓展活动课,全部列入学校课程表,从制度上保障了学生每天锻炼时间在 80 分钟以上,让"天天一节体育课,每天锻炼一小时"的理念成为普通高中的生动现实。

全体学生每周 4 节体育课，主要以选项分层教学完成两方面内容的学习。一是国家规定和学校自定的必学与选学内容，如学校规定田径、游泳、体操、击剑与跆拳道为必学内容，游泳、田径、健美操、形体与舞蹈、足球、篮球、排球、乒乓球、羽毛球、击剑、跆拳道、瑜伽、太极拳等项目为选学内容（部分必学内容与选学内容的交叉重合，是为了让学生能更深入地学习相关运动项目，以形成爱好、特长及实现课程目标）。二是以选学内容的改进与提高为核心，以多样性、小型性、趣味性、考核性为原则，设计与开发各类校园体育竞赛活动以及发展体能的内容。对于选项分层中提高班的学生，则要增加裁判学习与课余训练的内容。每周一节体育拓展课，以行政班教学为组织形式，其中一半时间由体育教师和相关学科教师负责，以研究性学习方式开展健康教育模块学习，以有效落实国家规定的健康教育专题学习内容，促进学生对健康知识、技能的掌握和健康行为的培养；另一半时间由班主任老师负责，以体育拓展活动为内容，开展培养学生锻炼习惯和增强班级凝聚力的班会活动。

"巅峰"体育课程内容的丰富性和可选择性，满足了学生的学习需求，为学生的个性发展提供了空间，课程的制度化保障、课程化推进、校本化实施，使教学、锻炼、竞赛、训练等活动产生了良性互动，形成了有机整体，学生的体育学习更加规范、更具质量、更有特色。

对学生体育学习与锻炼的全过程作出评价

为促进学生的体育学习，培养终身体育的意识、能力和习惯，学校逐步完善了"巅峰"体育课程的学习评价体系。

一是在坚持课堂教学评价的基础上，通过设计和运用一体化评价内容与方法，综合课堂学习、课外体育锻炼、运动训练与竞赛等情况，对学生体育学习与锻炼的全过程作出评价，构建融诊断性评价、形成性评价、总结性评价于一体的学习评价体系，如图 1 所示。

教师可以在教学的不同阶段，通过表现性评价、技评与达标、课堂观察、问卷调查、量表评价、纸笔测试等手段，收集学生体能、知识与技能、学习态度、情意表现与合作精神、健康行为等方面的信息，为教师改进教学、学生改进学习以及综合评定学生学习成绩提供依据。

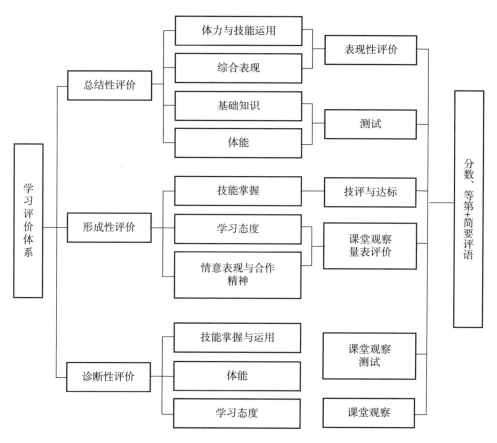

图1 "巅峰"体育课程学习评价体系

二是实施学生运动水平与裁判等级制度。教师通过文献、专家访谈、教学实验、数据统计等方法，研制了学生运动水平与裁判等级评分标准，并将部分测试内容与教学内容融合，通过每个学期末的达级测试周展开评定活动，在每年的巅峰体育节开幕式上颁发证书。这项评价和学分制评价一起，成为学生高中毕业的必要条件。如学生通过高中3年的体育学习需要获得"游泳蓝海豚级"及以上的等级证书，且修满"巅峰"体育课程的

12 个学分才能获得高中毕业证书。这对学生终身体育意识、能力、习惯的培养起到了积极的促进作用。

（作者单位系江苏省锡山高级中学）

（文章原刊于《人民教育》2017 年第 3-4 期）

高中化学课渗透核心素养的思路

占慧军

结合本学科的内容和特点，提出化学核心素养的具体目标

核心素养是基于学生终身发展和适应未来社会的基本素养建立的，而非基于学科知识体系而建立。学生的问题解决能力、创新精神、社会责任感等方面的素养不是仅靠某一个学科就能够培养的，而是需要借助多学科、多种知识和多种能力的共同作用。

学科的核心素养目标是学生发展专业素养的具体化，是在充分考虑本学科对发展学生核心素养贡献的基础上制定的。不同的学科有不同的知识体系，承载着不同的能力要求和文化内涵，化学学科需要根据国家培养目标，结合本校学生核心素养的主要内容与表现形式、本学科的内容与特点，提出该学科的具体目标，同时要体现本学科特色。

浙江省杭州师范大学附属中学化学组全体人员研究讨论后认为，化学学科的核心素养应包括三个方面。

实验探究与逻辑推理素养：能依据探究目的设计并优化实验方案，能对观察记录的实验信息进行加工并获得结论；尊重事实，能对观察到的实验"异常现象"进行质疑和逻辑推理，判断可能的原因，甚至发现新的问题。

信息素养：能从大量化学数据与信息中筛选、获取关键信息，并能对

信息进行独立分析、加工、评价。

动静结合的辩证素养：能认识物质是在不断运动的，物质的变化是有条件的；能用对立统一、联系发展和动态平衡的观点考察、分析化学反应，预测在一定条件下某种物质可能发生的化学变化。

化学课堂渗透核心素养的策略

首先是教师理念的转变。教师是教学的具体实施者，在学生核心素养的发展过程中扮演着转化者的重要角色。一线教师只有认识到落实学生核心素养的重要性，充分理解学生发展的核心素养和本学科的核心素养以及两者之间的关系，才能在各类教学活动中有意识地渗透和落实。这其中涉及教师理念的两个转变：

由"知识中心"转向"能力（素养）中心"，促进学生形成高于学科知识的学科素养。完成这个转变的重要起点是改进课堂教学目标的编写方式。

由"教师中心"转向"学生中心"，实施以"学"为中心的教学。充分发挥发展学生的"主体性"地位，需要教师敏锐地发现学生的需求并调动他们的积极性。在以学生为中心的教学中，教师的精力集中在深入观察每个学生，用心倾听学生话语中渗透而又没有说明白的想法，提出具体的学习任务以诱发学习，多样化互动交流各种意见或发现，让学习活动更丰富，让学生的经验更深刻。

其次是教学内容与核心素养的匹配。具体而言，可从以下几方面着力。

在实验教学中，渗透实验探究与逻辑推理素养。化学是以实验为基础的科学，化学实验是学生最感兴趣的化学学习方式，也是化学独有的魅力。通过教师的演示实验、学生的分组实验和独立动手实验，"正常现象"可以有效巩固所学理论知识，加深学生对化学理论的理解，而"异常现象"可以激发学生的质疑和思辨能力。基于学生对"异常现象"的"特殊爱好"，教师可以有意识设计一些"失败实验"，以激发学生的探究欲望，提升学生的逻辑推理能力，加深"尊重事实"的科学态度。

化学实验是学生掌握物质性质和一些基本原理的有效载体，为了将化学实验的作用发挥到极致，教师要在教材的基础上开发实验资源。某些演示实验也无须照本宣科，只是为了实验而实验，而应该承载核心素养的渗透功能。

但高中学生进实验室的机会并不多，而且绝大多数实验是课堂上教师演示过的，学生进了实验室也是照方抓药，尽管起到提高学生动手能力的作用，但学生不太动脑筋，因为实验前教师一般会交代实验的注意事项，学生只要"不越雷池半步"，都能顺利地完成实验。走出实验室后，学生很快就忘了刚才所做的实验，没有起到提高其质疑能力、实验探究能力、科学素养等作用。教师在学生实验前，除了交代安全方面的问题，对实验本身不应作过多的交代，甚至可以在保证安全的前提下故意"引导"学生出错，这也是真正把学生放在学习的"主体性"地位的体现。面临错误，才会激发学生探究的欲望和解决问题的尝试，在学生自己解决问题的过程中，提升实验探究能力和创新意识。

物质的性质承载着学生学习能力、联系实际解决问题的能力、信息处理能力和辨证看待问题的能力。物质的性质是化学教学中的重要内容，也是很多学生感觉困惑的内容：上课听得懂，下课全忘记，题目不会做。因此，教师需要确立"通过知识获得教育"而不是"为了知识的教育"的教育思想。

一方面，要联系社会生活生产实际，营造学习情境的真实性。OECD在 DeSeCo 项目中指出，核心素养着力解决的是提高学生面对复杂情境下的问题解决能力，使之能够适应飞速发展的信息时代和复杂多变的未来社会。在物质性质的课堂教学中，教师要尽量为学生创设能够利用所学知识解决真实问题的机会，这就需要教师在平时注意素材的积累，关注科技的发展和有关化学的新闻报道。

另一方面，要设置问题流，由浅入深，触及学生思维深处。学习元素化合物的性质阶段，许多学生疲于化学方程式的记忆，课堂上听写方程式也是一些教师的常用教学手段，但效果往往不佳。究其原因，师生都只停留在"知识"的层面，而没有深究知识背后"能力"的层面。为了避免这样的情况，课堂教学中设置问题流是一种不错的手段。

例如，"金属镁的性质"教学中演示了镁在二氧化碳中的燃烧，写出化学方程式后，设置如下问题：（1）金属钠能在二氧化碳中燃烧吗？为什么？（2）铁有可能与二氧化碳反应吗？为什么？（3）金属钠和三氧化二铁能反应吗？如果能，请写出化学方程式。

通过这样的问题，在教师的引导下，学生才能真正理解化学反应的本质，同时渗透辩证思维素养，帮助学生预测在一定条件下某种物质可能发生的化学变化。设置问题流的时候，应该注意两个方面：第一，问题要由浅入深，由表及里，逐渐指向问题的本质；第二，以调动学生思维、渗透核心素养为指导。

再就是学会真正"倾听学生"，把"学"置于教学的中心。随着教育改革的深入，许多教师开始心中有了"学生"，把学生放在主体性地位，但很多都是"假主体性"。常见的情况有两种：第一种，课堂上布置学习任务给学生，让学生分组合作，自主完成学习任务，然后汇报交流，课堂上轰轰烈烈、热闹非凡，殊不知学习只有在与教师、教材、学生、环境的相互关系中才能够得以生成和发展。第二种，教师课前设置了很多问题，课堂上一一让学生回答，教师忙于评价学生的回答是"正确"或"错误"，或者等待自己想要的正确答案，或者思考学生答错了"我接下来该怎么办"。踊跃发言的学生经常有发言的机会，而"善于倾听"的学生看着师生的表演，不善于表达或回答模糊的学生会被教师不客气地命令坐下，学生想表达或没有表达出来的东西直接被教师忽视掉，而这被忽视的东西恰恰是最有价值的。

上述两种"假主体性"都不利于核心素养的渗透。因此，教师首先要提高倾听的意识，学会倾听的正确方式；其次要善于挖掘学生没有表达清楚的"想法"。对不同思路的学生回答要敏感，无论什么样的学生发言，都有学生自身的"逻辑世界"，教师要尊重每一个学生，真正看到这个世界，才能产生情感共鸣，才会有核心素养渗透的基石。

将核心素养的渗透通过"互联网+"延伸到课后

今天，学生获取知识和信息的渠道是多元的，教师不再是知识的权威，教师智能也随之发生变化：主要是为学生的学习营造适合的环境；指导学生正确获取信息、处理信息的策略和方法；为学生设计个性化的学习计划；帮助学生解决一些疑难问题。学校和教师要充分利用现代信息技术，融合教学教研，将课堂教学通过"互联网+"延伸到课后。

我校师生正在进行这方面的尝试。借助云教学，利用信息技术，开展"平板教学"正在成为课堂和课后的一个重要补充，这种补充有以下好处：针对学生的共性问题，教师将录制好的微课上传到平台，学生可以利用碎片化时间进行学习；给全体学生或个别学生发送有针对性的练习或资料；便于师生及时地交流和沟通，学生可以将不清楚的问题上传到平台，教师在适合的时间进行解答，解决了学生不善于当面问问题的难题，真正做到资源共享。

需要注意的是，无论采取何种措施，时刻激发学生的热情是保证核心素养有效落地的根本条件。教师要深入研究学生发展核心素养的落实路径，不断研究学生，让自己的课堂成为师生愉悦交流的场所，为核心素养找到基石和归宿，促进学生全面而有个性地成长。

（作者单位系浙江省杭州师范大学附属中学）

（文章原刊于《人民教育》2017年第3-4期）

参考文献：

[1] 任学宝. 使核心素养落地是校长课程领导力的重要标志 [J]. 人民教育，2016（12）.

[2] 姜宇，辛涛，刘霞，林崇德. 基于核心素养的教育改革实践途径与策略 [J]. 中国教育学刊，2016（06）.

[3] 佐藤学. 静悄悄的革命 [M]. 李秀湄，译. 北京：教育科学出版社，2014.

[4] 雷夫·艾斯奎斯. 第56号教师的奇迹 [M]. 北京：中国城市出版社，2010.

实验是生物课培养科学素养的基础环节

孟　蕾

生物学是一门以实验为基础的学科，因此从实验角度研究"如何提高生物科学素养"就显得尤为重要。但目前这方面的研究很少。以往常规的实验教学模式是：教师先讲授实验原理，再让学生按照步骤逐项完成，目的只是熟悉实验步骤，以应付考试。在实验过程中，学生只是"验证者"，而非"探究者"。久而久之，学生主动参与的积极性受挫。此外，传统的实验课重知识讲授，轻学生活动，往往忽视课本上涉及的模型构建类和调查研究类实验。这种做法同样不利于学生生物学素养的培养。

基于以上问题，我认为非常有必要从实际的课本实验出发，尝试总结不同实验类型的教学模式。

什么是生物科学素养

现行的生物课程标准明确指出：生物科学素养是指公民参加社会生活、经济活动、生产实践和个人决策所需的生物科学知识、探究能力以及相关的情感、态度、价值观，它反映了一个人对生物科学领域中核心的基础内容的掌握和应用水平，以及在已有基础上不断提高自身科学素养的能力。

关于达成生物科学素养所要求的核心基础内容，目前业内专家已达成共识，即包括以下五个方面：能理解生物学基本现象和规律，理解生物学原理如何应用于生物技术领域；能解释身边的生物学现象；应掌握一系列技能，如操作技能，科学探究技能，比较、判断、分析和推理等思维技能，以及创造性和批判性思维方式；形成正确的情感、态度、价值观，并以此指导自身行为；形成终身学习的基本能力。

因此，生物科学素养是科学知识、科学能力和方法、科学意识和品质的总和。其中，科学知识是基础，科学能力和方法是核心，科学意识和品质是灵魂。

就课本要求的实验类型来说，大致可分为三类：动手验证类（即通常实验室进行的课本实验）、模拟和模型构建类、调查研究类。不同实验类型所要求达成的具体科学素养如下：

动手验证类实验有利于达成生物科学素养的能力要素。能力目标是整个科学素养的核心。在现行课程标准中，对能力维度有如下表述：能够正确使用一般的实验器具；掌握采集和处理实验材料、进行生物学实验的操作、生物绘图等技能；发展科学探究能力。其中，科学探究能力包括：能客观观察和描述现象，提出问题，分析问题，设计实验方案，解释数据，得出结论等。

模拟和模型构建类实验有利于达成生物科学素养中的知识要素。在课程标准中，对知识维度的要求有以下表述：学生能获得生物学基本事实、概念、原理、规律和模型等方面的基础知识；知道生物科学和技术的发展方向与成就；知道生物科学史上的重要事件等。

调查研究类实验有利于达成生物科学素养中的意识和品质要素。在课程标准中，对科学意识和品质的要求如下：认识生物科学的价值，乐于学习生物科学，养成质疑、求实、创新及勇于实践的科学精神和科学态度；确立积极的生活态度和健康的生活方式等。

改造生物课本实验，凸显科学素养教育实效

三类实验要从课本走进实验室，从知识的记忆回归到学生的动手、观察乃至素养，许多实际问题还有待解决。在问题的解决中，提高学生实验科学素养的有效教学模式也初具雏形。

第一，基于高中学生的学情，让学生独立设计实验是有困难的。教师可依据课本实验，在教学环节的设计上增加探究的意味，在教师引导以及学生自主学习、同伴互助的过程中，达成上述能力目标。

以色素的提取和分离为例，基于往届学生实验中出现的色素带不整齐、有重叠和色素颜色不明显等情况，我提前进行了预实验并发现了课本中诸多值得商榷的问题：（1）课本上层析时用试管，但由于试管很细，而且常常沾有层析液，所以色素带很容易溶解到层析液中，导致实验失败，应换为在烧杯中层析更好。（2）课本上要求用尼龙布过滤，但实际研磨得到的色素溶液很少，很容易全部粘在尼龙布上，应改为把滤液直接倒入试管，静置片刻，取上清即色素滤液继续实验。（3）课本上要求用毛细吸管吸取少量滤液画线，但实际操作中很难画出细而直的滤液细线，改为用直尺蘸取色素提取液进行色素画线，简单易行且效果较好。（4）研磨不充分，会导致色素带不清晰；层析时间太短，会导致色素带重叠。只有注意实验细节，才能得出理想的结果。有了教师预实验和优化实验体系，学生的"动手验证类"实验才能变得可操作、好验证。

第二，课本上绝大多数实验都提供了方法步骤，如果教师直接讲授实验原理和方法，或者学生直接照方下单，不利于学生能力的培养。相反，通过一系列具有启发性的问题串，引导学生积极思考，师生共同设计实验，可有效提高学生的生物科学素养。

关于色素提取和分离实验，可以设计以下问题串：色素在哪？用何种试剂溶解提取？采用何种措施防止叶绿素被破坏？如何将各种在有机溶剂中溶解度不同的色素分开，等等。实践表明，以上问题情境能够增强学生的主体意识，充分激发兴趣，从而使学生以积极的心态投入后续的实验操作。

第三，能力目标中明确指出，"学生要能利用证据和逻辑对自己的实验结果进行反思"。在第一个平行班上课时，我原本想让学生反思实验失败的原因，但多数学生无从下手。因此，在后面的班级上课时，我尝试进行改进：在师生共同分析完实验原理后，不具体分析实验步骤，而是直接呈现一张自我监控表，让学生以小组为单位进行实验操作，并随时记录。

第四，请实验操作理想的学生到讲台上分享经验，课后制作展板，对全部学生的实验结果进行集中展示。这个环节除了能达成"用准确的术语、图表介绍研究方法和结果，阐明观点；并听取同伴建议"的能力目标外，还能提高汇报人的自信和语言表达能力，而来自同伴的分享，更能引起倾听者的共鸣，促使学生深入反思。

第五，在实验课堂渗透STS（科学、技术、社会）教育，即尝试用实验原理和方法解决日常生活与生产中的实际问题。这样一方面能提高学生的兴趣，另一方面使他们意识到科学知识的重要性。

在色素的提取和分离课前，我已布置学生收集校园里的叶片，除了收集要求的菠菜叶片，学生还可以尝试探究其他感兴趣的叶片，并比较两者的色素颜色和条带位置有何不同。绝大多数学生都带来了各色叶子：枫叶、银杏叶、红牛皮菜叶等。实验前，学生自行提出假设，设计实验方案，通过实验证实或否定最初假设。学生是"主角"，教师只是"引导者"。

第六，与实践周相联系，开展植物色素提取比赛。实践周是我们的特色活动，其间可以对很多课本实验进行深入挖掘。比如："物质鉴定——对食堂提供的酸奶、豆浆等食物进行还原糖、蛋白质、脂质等的测定，从而为科学饮食提供依据"；"对自身的口腔上皮细胞进行染色，做染色体组型分析，寻找男女生的差异"等。

动手验证类实验主要集中在《分子与细胞》分册中，而在《遗传与进化》分册中，由于实验条件有限，该册实验多以模拟实验或模型构建的形式出现。通过模型的构建，不仅使抽象的东西简单明了，而且锻炼了学生的动手能力，能有效地提高其生物科学素养。

在模型的构建过程中，可穿插生物科学史的教学。将科学家的发现史融合在问题串中，从而再现知识发生过程，在师生共同讨论中体验科学家的思维方式，体会合作和跨学科融合的重要性。

调查研究类课题也是提高生物科学素养必不可少的环节。癌症防治、转基因安全性、艾滋病病毒等问题，与每个人的健康息息相关，学生很感兴趣。通过完成相关调查研究课题，不仅能提高学生文献检索和信息收集处理能力，还能拓宽视野，确立积极的生活态度和健康的生活方式，形成良好的科学意识和品质。

（作者单位系浙江省杭州师范大学附属中学）

（文章原刊于《人民教育》2017 年第 3-4 期）

参考文献：

[1] 生物课程标准研制组 . 普通高中生物课程标准（实验）解读 [M]. 南京：
    江苏教育出版社，2004.

[2] 余自强 . 生物课程论 [M]. 北京：教育科学出版社，2006.

[3] 潘立晶，贾鲁娜 . 新教材实验中的生物科学素养体现 [J] . 中学生物学，
    2009，25（2）.

[4] 钱洋 . 对提高学生生物科学素养的一些思考 [J] . 生物学教学，2004，
    29（9）.

核心素养的校本化表达

培养终身阅读者，培养负责任的表达者

唐江澎

2016 年年底，我有机会详细了解到研制"中国学生发展核心素养"的过程与方法。专家团队通过实证化社科研究，采用思辨分析的方法，收集了大量的符合性描述证据支撑观点；他们进行过国际比较，梳理了历史文化，还展开了大样本的实证调查；一个个关键词一次次被聚焦、被审视、被筛选、被排列组合、被定义内涵，这才建构了三个维度的整体框架和六个方面的指标体系；接下来，"各年段各学科学生核心素养表现水平"的研究更是工程庞大，但都已构筑起"四梁八柱"。

留给我们实践者的，一是确认方向，二是探索前行，用我们的实践智慧切实把核心素养落在学生身上。

学科宣言，坚定我们的教育信念

目前，研究者达成一个共识，应从"语言建构与运用、思维发展与提升、审美鉴赏与创造、文化传承与理解"四个维度建构语文学科核心素养，这涉及交流能力、思维品质、审美品位、文化视野等多个方面，也全面精细地刻画了语文核心素养的样貌特征、行为表现，以此统摄语文课程设计，促进教学过程转变，引导评价方式改革。我认为，语文教学可以期待一个更美好的未来。

但是，这种体系化的表述方式面面俱到，似乎问题指向不明，学理严谨但行动引导力稍显不足。高中语文教学现状与语文学科核心素养培养的尖锐冲突在哪里？我以为就是"做题多，读书少""听讲多，实践少"，无尽的"刷题"成为语文教育的标准"品相"，知识碎片的短时记忆成为学科教学的基本样态。这样的语文教育无法培植学生对母语的热爱，无法形成终身发展的核心素养，无法夯实言语功底，无法厚植人文底蕴，只能让学生远离阅读感悟、语言实践，在一次次急功近利的目标达成中蹉跎应付，导致能力荒废、精神荒漠。

转向核心素养发展就要从解决这些问题入手。这也是在各学科核心素养已然公布的背景下，我们仍然要针对问题解决，追问终极追求，指向核心素养，以简明的语言表达教育理解、表述学科宣言的原因。

"培养终身阅读者，培养负责任的表达者"，是我校历经多年锤炼并在2012年最终确立的语文学科宣言，是我们坚定的学科信念、行动指针。今天，这也是用我们自己的句子表述的语文核心素养。

（一）培养终身阅读者

语文课程致力于培养有终身阅读习惯的阅读者，这是一个教育常识。在我们看来，建设学习型社会，实现人口大国到人力资源强国的转变，要从改变国民的阅读习惯开始；优化学校的教育生态，培养人格健全、精神优秀的学生，要从使这所学校的阅读氛围浓厚开始；突破语文课程的困境，促进学生智慧发展、精神成长，要从为学生提供大量亲近文本的阅读机会开始。一个人的阅读史，串联起他的语文学习历程；一个人的精神发育史，就是他的阅读史。

应该在核心素养的体系中理解培养终身阅读者的地位。语言能力在阅读优秀的母语范式中建构，良好语感在语言材料的积累中养成，感受力与理解力在亲近文本中提升，审美意识与能力、审美情趣与品位在阅读鉴赏、品味感悟中熏染，传承文化、增进理解在经典阅读中实现。离开阅读，语文核心素养的培养无从谈起。比较欧盟、经合组织、英国、澳大利亚的核心素养，他们也都在关注阅读理解能力。可见，阅读并非语文学科独有，应该是每个人终身学习、发展的必备品格和关键能力。

应该从时代发展的特征角度认识培养终身阅读者的价值。一方面，视觉文化的兴盛，使文本阅读遭遇了前所未有的冷落。一位著名的小说家悲观地感慨："对书的需求如同高台跳水，一代严肃的读者消失了！"精神消费的多样选择，使阅读在精神生活中被严重边缘化。另一方面，视觉文化产品所达致的精神高度，在当下还不足以成为提升人类精神品级的主要支撑。而"世界的智慧在用语言创作的杰作中保留下来"[1]，因此，"若要增广我们的精神领域，就必须研读独具创见的思想家所呕心沥血写作成的充满智慧火花的著作"[2]。

还应该从人生哲学的高度审视培养终身阅读者的意义。在世界级语文学大师、维也纳大学教授 Ernst Steinkellner 看来，语文学的宗旨是正确理解文本的本来意义。而今天我们这个世界赖以继续生存下去的条件，就是需要人们正确理解个人、社会、国家互相发出的各种文本和信息。因此，语文学不仅是处理文本的一种学术方法，而且还是一种世界观，是指导我们如何理解他人、处理与他人关系的一种人生哲学。[3] 从 Steinkellner 教授的观点中，我们应该得到一种醍醐灌顶的启悟，阅读不仅是方法，是能力，更是关乎人类幸福的世界观和人生哲学。

（二）培养负责任的表达者

说与写是信息表达的基本手段，也是参与公众交流的基本形式。联合国教科文组织对于"读写能力"曾有过一个定义，认为它是"能够辨识、理解、解释、创造、交流、计算和使用与不同情形有关的印刷和手写材料的能力"，而这种能力的学习和获得"使得个人可以实现自己的目标，发展自己的知识和潜力，充分参与到一个更广泛的社会当中"。

培养负责任的表达者，首先要关注表达的明晰性。明晰表达属于逻辑

---

① 怀特海著，徐汝舟译:《教育的目的》，生活·读书·新知三联书店，2002 年。
② 雅斯贝尔斯著，邹进译:《什么是教育》，生活·读书·新知三联书店，1991 年。
③ 沈卫荣:《寻找香格里拉》，中国人民大学出版社，2010 年。

学范畴，它的背后应该是思维的严密与清晰。无论说或写的训练，都应关注明晰话题的边界，概念的确指，努力使言说表达合乎逻辑；都应遵循判断、推理的基本规则，学会用严密的思考获取令人信服的论断力量；也都应重视表达的顺序、层次与重点，努力在表达中呈现清晰的思路。

其次，要强化表达的对象意识。参与交流的表达，总要针对特定的对象，总要有一定的目的，不能罔顾读者与听众。表达与交流应引导学生不断强化对象意识，关注表达的场合与目的，从而找到合适的表达方式，收到良好的表达效果。对象意识越强，也就越能找到合适的表达方式，越能征服对象。一个负责任的表达者，不会不动声色地照本宣科一个小时。将表达建立在对倾听者的观照上，这是一种核心素养。

最后，要重视表达的伦理。我们的信息传播方式已进入"自媒体时代"，个体参与公众交流的自由度与影响力空前提高。每一个表达者应该成为自我表达的"全面把关人"，关注个体表达的立场、观点、价值取向以至表达品位。一个负责任的表达者不仅能够清晰、规范地表达，显示表达者的技术与能力、智慧与力量，更能坚守表达的伦理，显示出表达者的立场与追求、教养与风度。

课程基地，创设支持核心素养发展的学习环境

2011 年启动的课程基地建设，是江苏基础教育独有的创新探索，旨在创设新型学习环境，以促进学习方式转变，支持学生核心素养的发展。我校申报的语文课程基地获准立项 5 年多来，从顶层设计到基地建设，始终坚持价值选择，努力把"培养终身阅读者，培养负责任的表达者"的追求落实、落地。

第一，以学科宣言统摄基地建设。博尔赫斯曾说，天堂应该是图书馆的模样。语文课程基地一期建设的任务，是将天堂搬到距学生最近的地方，为学生终身阅读习惯的养成创设基础条件。把新华书店开进校园，要求有关新书品种与市内门店同步更新，使书香清流源源不断；雅致的"匡园书屋"店堂内，读者自主阅览的区域数倍于图书展售的面积，即使不买书，

也可以选一本倚着落地大窗静静阅读。图书馆底层设置浅阅读大厅，随意取阅。每一间教室的后面，配置一个班级书房，摆上师生选择的五六百种图书，定期更换。戏剧、微电影等专用教室内，学生发展中心的大学专业长廊上，专业图书随手可取。二期建设中，又建设了典藏馆、百年母语教材展藏馆、国学馆、西学馆等阅读研究场馆，让学生涵泳于书的世界。我们在做这样的努力：创设随处可见、随手可取、随时可读的优雅阅读环境，让学生在阅读中形成终身阅读的习惯，打下厚实的精神底色。

第二，以环境变革促进学习方式转变。演讲厅教学环境按照提升表达自信与交流沟通能力的要求设计，用追光正面照射演讲者强化心理素质历练，将听众区设置在讲坛两侧，演讲者只有环顾左右才能"目中有人"，引导表达者在视线交流中强化对象意识。辩论厅在辩手席的后方设置两片立场席，在前方设置无立场席或观察席，要求参与论辩进程的学生按照观点、立场选席就座，防止辩论练习不注重表达伦理、只发展诡辩滔滔的表达技能，从而切实培养负责任的表达者。基地是具有专业品质的教学环境，在小剧场上戏剧课，舞台、音响、服装、道具、录播设备等都有效提升了课程实施的质量。更重要的是，在这样的学习环境中，学生的学习方式发生了根本性转变，他们必须开口讲演、诘难论辩、角色扮演，在活动体验中提升全面的语文素养。

第三，以丰富的课程提升核心素养。课程是基地的载体，基地因丰富的课程避免空壳闲置。我们将语文必修课与选修课整合，设定"自主阅读"的课时配比，保证阅读时量；从研究叙事类文本、论述类文本、非连续性文本阅读笔记的写法入手，开设阅读方法指导课，有效促进读写结合；探讨整本书的阅读方式，以读书征文、阅读交流加以促进，实现每个学生高中3年阅读总量达600万字的目标。"名家讲书"是语文基地的品牌课程，周国平、王开岭、曹文轩每次讲座都会引发阅读旋风；"美文金声"被誉为"最豪华的语文课"，每年都有一批著名艺术家走进校园举办专场朗诵会，诵读高中语文名篇。依托语文课程基地，语文学科开发的"诵读课""倾听声音文本""问答之间""领导者演说""经典话剧"等课程，英语学科开发的"哈佛演讲与辩论""英美经典戏剧"课程，政治学科开发的"模拟联合国""高端法务"课程，历史学科开发的"触摸历史典籍""口述史研究"课程，都以"培养终身阅读者，培养负责任的表达者"为核心追求，全面提升学生的人文核心素养。

体验感悟，探寻指向核心素养的教学变革路径

高中语文课程标准强调语文课程的综合性、实践性特征，应该准确把握母语学习规律，也指出了语文核心素养发展的基本路径。指向核心素养发展的语文学习活动要以学习任务串起言语实践活动，在亲历中体验，在活动中感悟。为了深入探讨语文课堂教学变革的常态化技术路径，实践中我们总结了"体验感悟"学习活动的三种类型。

一是"研习思悟"式学习活动。语文学习最常态的形式是"阅读"与"倾听"。不论是通常意义上以文字构成的连续文本阅读，还是CECD主持的PISA中常见的以表格、图形、图表等构成的"非连续文本"阅读；不论是纸质文本、电子文本的阅读，还是以声音为载体的文本倾听，"阅读就是从课文中提取意义的过程"。而提出这一经典定义的心理学家吉布森和利文，早在1975年就在专著《阅读心理学》中对"课文"的定义有了明确的界说，既包括印刷的文字，也包括图画、图解、图表、插图等其他阅读材料。因此，"研习思悟"是指学习者经由对不同类型作品的阅读、观赏和倾听而获取信息，通过思悟而理解作品、建构意义，并在表达呈现与分享交流中提升"悟得"的学习过程，一般由"提出问题—研读理解—分享对话—总结归纳"等环节组成。

二是"活动体悟"式学习活动。怀特海坚持认为教育有这样一条原则："在教学中，你一旦忘记了你的学生有躯体，那么你将遭到失败。"而支持他的论断的基础是，"感觉和思维之间有一种协调，大脑活动与身体的创造性活动之间也有一种交互作用"；他还指出，"虽然智力活动与人体的种种联系是分布在人体的各种感觉中，但这种联系主要集中在眼、耳、口和

手"。① 因此，在指向"顿悟"这一人的高级理智活动的学习过程中，就不能局限于单一的大脑思维活动，而要将身体学习与智慧学习相结合，调动各种感觉参与活动、丰富体验。"活动体悟"是指在具体教学情境中，通过丰富的语言实践活动，如开口说、动手写、参与演、亲自做等活动，经由亲历的体验感悟意义与方法。我校高一年级每年都以"接龙式"演出全本话剧《雷雨》，学生通过角色的扮演、体验，更深切地体悟出角色一言一语下的情感波澜。他们的实践提供了"活动体悟"式学习的过程范例："明确任务"阶段是领取角色，"活动体验"阶段是记台词、揣摩角色，"呈现展示"阶段是话剧表演，"反思总结"阶段是撰写感悟文章。

三是"探讨启悟"式学习活动。它是指围绕特定话题，经由反复思考，在讨论、追问、辩驳中不断深化思悟，从而有所感悟或者引发新的思考的学习过程，一般由"确定话题—思考酝酿—讨论追问—引发深思"等环节组成。"探讨启悟"式学习，不同于课堂教学中一般意义上的对话、讨论，不适合有定论的知识教学，鼓励见仁见智。常见的形式像辩论会、读书主题交流探讨、作文互评探讨等，一般不能围绕一个有明确或唯一答案的话题展开，因为其重要的目标不是问题寻解，而是通过对话、讨论、辩驳，发展学习者思维的严密性、清晰性与深刻性，提高学生对方法的切实领会。雅斯贝尔斯指出，"通过教育从而获得反思和辩驳能力，而这种能力也是具有高尚人生境界的一种标记"。

需要说明的是，这三种类型的学习活动，不是课型的概念，应该没有明晰的时间界限，可长（数节课）可短（一个教学对话片段），可大（总的内容）可小（小的问题），而一节课也常常可以组合多种学习类型。

（作者系江苏省锡山高级中学校长）

（文章原刊于《人民教育》2017 年第 3-4 期）

---

① 怀特海著，徐汝舟译:《教育的目的》，生活·读书·新知三联书店，2002 年。

核心素养落地必备的"二维动作"

郭　涵

学校是核心素养培育的终极落脚地。故此，学校必须展开双翼共振"二维动作"：一是学校顶层设计，制订清晰可行的课程方案，优化育人模式；二是教师积极参与，形成集体性、科学性跟进的生态教育教学环境。两者缺一不可。

设计校本化课程体系，优化育人模式

核心素养的落地，离不开育人模式的创新。一零一中学试行"年级＋书院"的经纬式教学管理模式。这种模式继承以年级、班级为核心的横向管理方式，同时建立纵向跨年级的学术一体化管理。在此基础上，创立以"科学素养""人文素养""领军素养"和"国际视野"为主题的学森书院、圆明书院、六韬书院和国际书院，成立课程研发中心，由校长直接负责，分管校长、教学处负责设计和实施。为保证设计和实施的科学性、学术性与可行性，学校特别注重整合优质资源，邀请高校和科研院所的专家学者组成导师团队，切实参与书院课程的研发和实施，逐步建构了书院主题课程群（如表1所示）。

表 1　书院主题课程群

书院	学森书院				圆明书院				六韬书院				国际书院			
主题	科学素养				人文素养				领军素养				国际视野			
系列	新知	文明	实践	创新	经典	方法	实践	情怀	战略思维	创新思维	国情认知	影响力	家国情怀	国际理解	国际交流	SDP课程

为创设开放、自主、多元的学习氛围，学校将书院课程分为三层级：学术拓展、个性实践和学习创新课程（如图1所示）。学生可根据自身学习需要，自由选择书院和课程种类。书院教学以"方法引领、自主研修、精思善疑、提倡论辩"为特点，而主题课程则给了学生打开通往新知的大门。这些课程的实施，可让学生在历史和现实之间瞬时对话，产生个体与社会的精神碰撞，生成理论与实践的交锋，真正实现人文与科学的有机融合，进而促进学生核心素养的丰富与发展。尤其重要的是，这种开放性、自主选择性的课程群和优化的育人模式，很好地生成宽松严谨、民主开放的教学环境，为激发学生学习自觉性和自我管理能动性，提供了广阔的平台。

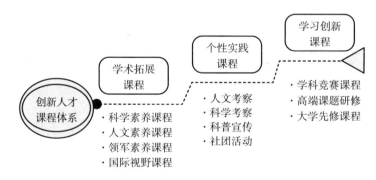

图 1　书院课程

校内外资源深度整合，为核心素养"培根"

一方面，学校不断开发校内教育资源，建立了分子与组培实验室、物理探索实验室、生态科学园、天文台、气象站等；另一方面，充分利用高校、中科院、博物馆、航天城及高新企业资源，推进中学与大学、科研机构的有机衔接，加强学科交叉融合，优化学生知识结构，夯实科学实践基础，营造浓厚的学术氛围，为学生的核心素养发展提供丰厚的土壤。

大师领航：让大师与学生零距离，给学生以生命的高度和宽度

大师领航课程关注资源环境、生命科学、航天科技、互联网及信息安全、高新技术等领域的最新进展（如表2所示），让学生在高中阶段就广泛了解科学发展的趋势和未来。专家与学生面对面交流，更直观生动地拓宽学生视野，并对其未来研究方向的选择、人生观价值观的形成起着重要的领航作用。

表 2　大师领航课程

课程系列	题　目	主讲人
航天系列课程	中国航天发展现状及未来	空间技术研究　庞之浩
	探索宇宙的边疆	国家天文台　李然
	航天员与航天医学	航天员训练中心　吴萍
	火星之旅	航天员训练中心　王跃
科技前沿系列课程	电影《国际穿越》与相对论	北师大物理系　梁灿彬
	引力波-触摸时空的涟漪	国家天文台　苟利军
	纳米世界	国家纳米中心
	液态金属：全新工业的崛起	中科院理化所　何志祝
	探秘新型人机交互	中科院计算机所　田丰

课程系列	题　目	主讲人
互联网系列课程	互联网新兴安全威胁与应对	360 Web网安攻防实验室　林伟
	"互联网+"时代的金融安全	国家银行卡安全中心　孙茂增
	互联网和驾驶能化	北京邮电大学　杨放春

该课程讲究科学素养与人文精神、家国情怀与国际视野的并重。学校每学期举办 2 ～ 3 次高端讲座，给学生以丰厚的人文滋养。厉以宁的《当前中国经济的热点问题》、姚景源的《金融危机与中国经济的前景》、金一南的《苦难辉煌：对国家和民族命运的思考》、前外交部长李肇星的《祖国至上，人民至上》、作家王蒙的《智慧的五个层次》、莫言的《我的文学之路》等，均受到学生的热烈欢迎。

学术论坛与科普活动：润物细无声，核心素养的因子时时浸润学生生命

2010 年年初，学校成立"硕博导师团"（硕士以上青年教师导师团），从诞生之日起便受到学生的普遍欢迎。每天中午一点，学校报告厅座无虚席。化学博士、青年教师王昱甥的《舌尖上的食品添加剂》、生物学博士崔旭东的《探秘 DNA》、地理学博士金梓乔的《科学与工程》等都在学生中引起强烈反响。物理学博士相新蕾还带领学生拜访其导师、国家科学技术最高奖获得者、核物理学家谢家麟先生。92 岁高龄的谢先生殷切嘱托："世界上那么多美好的事物，要有自己的兴趣爱好，选定方向还要耐得住寂寞，坚持自己的选择，科学研究的道路上不会一帆风顺，要有持之以恒的精神。"而谢老 1951 年回国受阻时写下的绝句"峭壁夹江一怒流，小舟浮水似奔牛，黄河横渡浑相似，故国山河入梦游"，更让学生切身感受到老一辈科学家的家国情怀。

学校一直倡导：今日中学生，要在适合自己的一切领域，最充分地表现自我。浓厚学术氛围的熏陶与浸润，激发起学生自我表现的巨大热情。学生会自主开设"学生学术论坛"，一拨又一拨青年才俊视之为展示青春与激情、变革与创意的生动舞台，他们潇洒地把自己的学习与研究成果向同

伴展示。有学生还在教师的指导下编写校本教材，在班内开设选修课。学生会还举办了物理节、科学嘉年华、中秋赏月、天文观测、航天育种等活动。在物理节之后的科学实验大挑战中，他们用熟练的专业语言为前来参观的全校师生讲解实验原理和操作步骤。

学校常年组织科学考察活动。寒假去云贵地区，五一去内蒙古，暑假去吉林长白山，已成为学生活动的规定动作。此外，还组织学生到南疆喀什沙漠地区进行生态科考，到福建厦门、山东东营等地进行海洋生态科考，到海南岛国家水稻培育基地进行现代农业科考，到北极、美国、澳大利亚等地开展科学考察与交流活动。2016年端午节期间，学校组织了气势宏大的"科考八路军"，近500名学生报名。他们分赴海南、青海、丽江、桂林、张家界、成都、杭州、青岛8地科考，受到学生和家长的普遍赞誉。

学生在活动中学习和体验，回校后继续开展相关研究。生命科学探究小组的学生从内蒙古额济纳旗考察归来，马上开始"胡杨泪抑菌作用研究及应用"和"额济纳旗胡杨异形叶及根系对干旱的适应"课题研究。这两个课题分获2015年北京市青少年科技创新大赛一等奖、北京市中小学生金鹏科技论坛一等奖。

教师要有核心素养培育的行为自觉

应该承认，只有得到办学实体——每一所学校的广泛认同和积极参与，核心素养才能落地。同理，学校的核心素养培育，也只有获得一线教师的广泛认同和积极参与，才能生根开花结果。

但是，核心素养是一个新鲜事物，部分教师认为它是国家教育行政部门和相关专家学者口中的"高大上"，距离一线教师常态的课堂教学甚远。如何扭转教师的观念？我们主要做了两件事。

举办专题讲座。通过讲座，让学校教师团队清晰地认识以下五点。一是核心素养的丰富内涵。与传统教育的"能力本位"相比，核心素养的内涵更丰富，更切合学生生命成长，更关注人的发展，关注学生当下和未来发展。二是核心素养培育具有全球化特征。世界各国尤其是发达国家，无不十分重视核心素养培育。三是核心素养培育，是人类教育发展到今天的一脉相承和必然选择——农业化社会的道德教育、工业化社会的能力培养，全球化、信息化、网络化社会的核心素养教育，反映的是人类教育改革与发展永远在路上这样一种事物发展规律。四是我们今天的教育如果不能及时跟进核心素养培育，必将影响一代人的成长，放缓国家前行的步伐。五是要加强教师自身课程领导力建设。在今天，课程领导力不仅仅是校长和学校管理部门的事，与每一位教师紧密相连。

倡导读书学习。在一零一中学，教师的读书与学习、思考与创新是常态。关于核心素养，林崇德教授主编的《21世纪学生发展核心素养研究》是目前我们所看到的最具学术性与普及性的著作。学校全体教师人手一册，要求人人必读，并根据自己的理解与思考及教育教学实践，写出心得体会，在学校教育教学年会上交流。

在一零一中学，教师写心得体会，不是做表面文章，不是为了完成任务。他们写得真，写得深，写得生动，写得有思想、有情感。一零一中学的常态文化现象是：教师通过读书学习，再回归教育教学实践，其教育情怀、专业素养、课程领导力必然会得到充分发展。

观念的转变，让一些教师开始大胆改革课堂教学，使课堂教学成为培育学生核心素养的自觉行为和主阵地。

案例1：地理组教师充分挖掘身边的教育资源，通过具体的地理知识、地理技能的教学，帮助学生逐步形成地理核心素养，以落实"立德树人"的教育目标。其思路如图2所示。

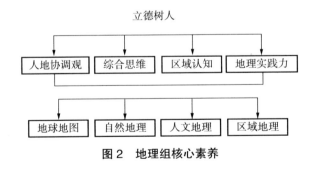

图2 地理组核心素养

在这一思路引导下，他们开发了以城市为主题的人文地理实践课。实践课以家乡资源——北京城为载体，为学生搭建了在真实的情境中运用所学的地理知识和技能，感悟、分析地理现象的平台。实践活动以任务为驱动，经过北京不同的城市功能区，沿途设计 20 个考察点，学生在考察过程中用眼看、用耳听、用笔记、用脑思，考察活动结束后对获取的第一手资料进行分析、整理，结合讨论题目，从时间、空间等多个维度对所观察到的城市景观和现象进行分析，认识不同社会经济要素之间的相互作用及其对北京城市发展的影响，锻炼学生的综合思维能力。

学生考察的对象包括金融街、国贸等高楼林立的中央商务区、人流如织的商业区、绿地低密度的高档住宅区、整齐划一的老式住宅区、厂房连片的工业区。不同的景观，反映了不同的影响因素、历史沿革，既是对北京内部区域分异的认知，又是对传统文化与现代文化的追寻。实践课立足乡土，让学生从生活中的感性认识入手，了解、体验自己家乡的发展、变化，唤起其对家乡的热爱；观察不同地区的生活环境，感受家乡发展中产生的环境问题，激发其对家乡建设的责任感；穿梭于不同的功能区之间，感受传统文化、民族文化、国际文化在这座古城的交织，提升其多元文化意识。这些以知识为载体的情感目标，会慢慢内化成学生自身的人文底蕴、责任与担当意识，实现从学科核心素养到全面发展的人的核心素养的转化。

案例 2："追寻失落的夏宫"和"团扇计划"。

2015 年秋，学校历史教师孙淑松以圆明园建筑、历史和文化为背景，开展"追寻失落的夏宫"主题实践活动。孙淑松带领学生整理汇总圆明园的相关资料，研究圆明园的文化内涵、建筑格局、政治功能和历史变迁，再到各处遗址考察拍照。学生们用文字记录真实感受，实践成果以图文并茂的展板和画册呈现，供全校师生观赏。

"追寻失落的夏宫"专题实践活动具有多元价值。展板和画册都由学生自行拍摄、创作、设计和印刷。学生不仅直接感受侵略者的暴行，痛惜近代中国的屈辱，接受深刻的爱国主义教育，而且展示内容非常丰富：摄影、诗词创作、书法绘画、古籍检索、画册设计装帧等。尤其值得肯定的是，这项活动涵盖历史、地理、语文和美术 4 个学科，提高了学生的实践能力，渗透了核心素养培育，学生受益匪浅。

2016年是学校建校70华诞。孙淑松老师所在班的学生精心制作了画册《北京一零一中三十景图咏》。学生精心挑选30张校园美景照片，写诗作词，汇集成册，最后由一位学生绘成扇面。很多校友看到团扇照片，纷纷询问是否能制作销售。这提醒了孙淑松：此举既可圆校友思校之情，又可让学生得到锻炼。

资金从哪儿来？孙淑松决定开展一项投资计划，任命4名学生组成财务委员会，全权负责财务收支。宣传营销最有亮点也最锻炼学生。学生制订完善的营销方案，涉及产品定位、前期宣传、销售途径、营销策略等，条分缕析，巨细靡遗。学生在社团活动中学到的商业营销知识，在这套方案中得到了充分应用。很快，团扇全部售罄，财务团队制作了非常详细的财务收支表格，每一笔钱的流向、经手人和时间等，整理得井井有条。财务报告堪称完美，学生理财能力得到充分锻炼。

针对青少年缺乏理性理财观的问题，孙淑松召开主题班会，并请一位在银行工作的专家以"金钱观"为主题，引导学生理性认识财富，最后分组讨论如何用好这笔钱。大家决定：除留下一部分用作班级活动外，其他则用于给打工子弟小学购置图书。

案例3：语文专题教学"文学的北平"。

语文教师赵海蓉印发了9篇相关文章：《动人的北平》（林语堂）、《故都的秋》（郁达夫）、《荷塘月色》（朱自清）、《北平的春天》（周作人）、《五月的北平》（张恨水）、《囚绿记》（陆蠡）、《未名湖冰》（邓云乡）、《苦念北平》（林海音）、《想北平》（老舍），让学生阅读后完成两项任务：其一，为每一篇文章设计思考题；其二，完成教师设计的主干型思考题：在读了这9篇写于上世纪三四十年代关于北平的文章之后，到作者所提及的地方进行实地考察，然后写一篇文章。主要内容包括：你觉得今日北京与历史北平在城市生态、城市建设、城市整体面貌方面有什么不同？为什么有这些不同？你对此有何感想或建议？

在读了《苦念北平》之后，有学生质疑：列举"牙碜"的多种意思有什么作用？能否删去？林海音如此爱北平，为什么还去台湾？在读了《想北平》之后，有学生问道：为什么他觉得像写了很多废话？为什么要用大篇幅描写旧时故乡的春游？这与北平的春天并无太大关联。为什么作者说"北平几乎没有春天"，要"以冬读代春游之乐"？

赵海蓉老师的设计至少有两大价值。一是她设计的主干性问题，有效激发了学生的家国情怀。今天的北京和历史上的北平相比较，其发展进步与过去不可同日而语，但在生态环境、城市布局与建设等方面的问题也显而易见。二是能有效培育学生的批判性思维。上述学生的质疑虽显稚嫩，但也有一定的思考价值。由此我想到经济合作与发展组织（OECD）项目组于 2016 年 12 月发布的对于 2018 年国际学生评估项目（PISA）阅读测试的前瞻性设计方案。这个方案剖析了国际阅读价值观的变化脉络及其实质，阐述了阅读新概念的主要特征。这对重新审视中国阅读教育的目的和功能，创新语文阅读教学的价值观，具有启发意义。因为它的核心价值在于：未来阅读，将聚焦批判性思考与创造性表达。赵海蓉老师的设计，与此方案可谓不谋而合。

（作者系北京市一零一中学校长）

（文章原刊于《人民教育》2017 年第 3-4 期）

成志教育视野下的学生核心素养校本表达

窦桂梅

引　子

　　每天清晨，孩子们陆陆续续迈过数字"1915"，走进清华大学附属小学的校园，就意味着走入了这所最初叫成志学校的百年老校。每天清晨，在门口迎接他们的时候，我常想，从这里走出的校友千千万万，这些来自不同家庭、不同社会背景的孩子们，都走进了同一所学校，6年后，他们将获得怎样的素养，带走哪些能力，又拥有哪些能影响其一生的品格？而这最终会不会成为他们生命的核心？我也常想，对于一所学校来说，这么多来自不同家庭的孩子、不同特点的孩子，学校将遇到哪些新的挑战呢？

　　就拿其中的一个班来说。有一个孩子轻度自闭，刚入学时，只吃爷爷做的饭菜，生活自理能力相对比较差，入学后很不适应，每天上学都需要爸爸陪读。但这个孩子最突出的特点是记忆力超群，竟然可以记住圆周率后2000位！这让我们既惊奇又困惑，学校教育有能力的边界，可义务教育不能选择。那么，这样的孩子我们该给他什么？我们或许可以帮助他提高生活自理能力，但学校该怎样呵护好孩子的天赋呢？另一个孩子，他十分热爱踢足球，参加了学校自主选修课，每天下午都在操场上奔跑。姥姥给他买了5套足球服，一天换一套，晚上还要当睡衣穿。可他爸爸很不情愿，觉得踢足球太影响孩子学习，三番五次地找班主任，希望配合他阻止儿子踢足球。我们又该如何面对这种矛盾？还有一个孩子，课堂上肯定找不到他积极发言的声音，下课躲在角落里，甚至吃饭也总是最后一个。在学校年度戏剧展演中，要求"班班有戏剧，人人有角色"，但他就是不参加，求也不行。这又该怎么办？

瞧，当一所学校的理念与一个个活生生的生命个体相遇的时候，我们如何由个到类，由类到群，既达到共性要求，又满足个性需求？

成志教育：核心素养的校本指南针

把历史当作最深沉的教育资源。第一任校长周怡春创办"成志学校"时就提出"培养完整人格之教育"，百年来，清华附小走出6位诺贝尔物理奖获得者、6位共和国将军、6位奥运冠军，还有文学家、著名导演以及默默无闻的大批在国内外奉献个人价值的校友。人无志则不立，百年立人，"非学无以广才，非志无以成学"，校训"立人为本，成志于学"，实现了清华附小"从成志学校走向成志教育"的超越。因此，百年华诞之际，我们郑重提出了"成志教育，照耀一生"，传承和发展从成志学校建校时就已明确的成志教育思想内涵和教育价值，使学生能够有"为天地立心，为生民立命，为往圣继绝学，为万世开太平"的宏愿，更有脚踏实地的"立德、立功、立言"的躬身省行。继承和发展百年清华附小成志教育发展史的思想精髓和文化价值，成为我们新百年前进的航标和远方的灯塔。

然而，历史总是那么巧合。"成志教育"遇到了"中国学生发展核心素养"。

2016年9月，中国学生核心素养研究成果发布，其中有"三个方面、六大素养、十八个基本要点"，这是共性的普遍要求，还需要不同地区、不同学校因地制宜，进行二度转化，具体落地。于是，成志教育内涵的确定，就有了基于学校教育发展历史、中国学生核心素养以及所处地域教育资源三个维度的参照。

"成志教育"的"志"，首先意味着人要拥有理想和抱负，"有志者，事竟成"。反观当今中国教育，无论硕士生还是博士生的学习危机，大多是因为缺乏学习志趣，更谈不上有什么志向。志趣要从兴趣、乐趣开始，今天培养怎样的儿童，未来他们将还给我们一个怎样的社会。"三岁看大，七岁看老"，一个把自己和国家、民族的命运联系在一起的高远理想和志向，要从小在心中播下种子。其次，"志"需要意志和品质，这个品质就是核心素养所需要的关键能力和必备品格。人成人、成才、成功、成仁的关键因素是持久的好奇心与创造力、勇气与坚持不懈等，进而形成向内慎独、向外仁爱的人格品质。最后，"志"要付诸实践和行动。作为个人、公民和生产者，除了具备言行得体、协商互让、自律自强、诚实守信、勇于担当、尊重感恩等必备品格，还要落在儿童的关键能力的践行中，形成知行合一的素养。

成志教育的"成"呢？就是教育的进行时直至完成时的过程。成志教育首先要做到"承志"——传承中华民族优秀文化传统，培养和谐共处的家庭与社会伦理道德，服务祖国、社会。其次，要"立志"——从小学会立志，把人生最重要的志向同祖国和民族的伟大复兴联系在一起，使之成为人生的脊梁。最后，要"弘志"——弘扬中华民族优秀文化，践行社会主义核心价值观，努力成为未来的榜样，引领社会，引领时代。

看来，成志教育就是儿童心灵的指南针，就是以社会主义核心价值观为引领，始终不变对"人"的关怀，以"成志教育"实现基础教育的"立人"功能，实现对"人"的价值观塑造和道德修养的锤炼。

百年成志，无论岁月怎样更迭，让"儿童站立在学校正中央"的哲学命题没有变。中华民族"格物、致知、诚意、正心、修身、齐家、治国、平天下"的八条古代修为描绘出的人生路径，就是成人、成仁的过程，同时也是我们所说的成为聪慧与高尚之人——成志的过程。

一句话，成志教育的使命是：为聪慧与高尚的人生奠基！

综上，核心素养的落地一定要关注学校的历史。中国学生发展核心素养出台之后，如何在学校落地生根，我们不能一拍脑袋，另起炉灶，甚至忘记学校历史和那些优秀精神文化基因的传承。核心素养的落实，没有校本化的价值追求和表达是不能扎根和生长的。

五大素养：核心素养的校本表达

清华附小成志教育儿童核心价值追求的办学使命的确立让我明白，基于一所学校，不管是中学还是小学，都必须建立一个核心素养落地的框架。要了解这所学校原来有什么，现在有什么，将来要向哪里去，然后一并优化、整合，形成适合学校实际情况的核心素养校本表达体系。

正是基于这样的逻辑，在百年成志教育思想的凝聚下，清华附小找到了校本核心素养的历史文脉，参照三个现实的维度——"清华风格、中华文化、全球视野"，并拥有一种指向未来的教育考量方式：未来世界需要怎样的人，要为今天6岁的小朋友考虑到12岁、18岁、38岁甚至58岁时所处时代的需要。我们在中国学生发展核心素养中整合提炼，历经两年过程，8个多月的讨论推敲，通过问卷调查、采访与座谈等方式，从家长、教师、儿童、专家等多方视角，把成志教育"聪慧与高尚"的核心素养校本化的价值追求，分解为校本化表达的学生五大核心素养：身心健康、善于学习、学会改变、审美雅趣、天下情怀。

以首要的"身心健康"为例："身心健康"源于原清华附小校董马约翰先生身体力行、清华大学老校长蒋南翔倡导的"每天锻炼一小时，为祖国健康工作五十年"的体育精神。倡导"健康中国"，珍爱自己的身体与生命，懂得身心健康是一切发展的前提，把身心当作最好的教育对象（包括心理、身体、生活习惯三方面内容）。其一，清华附小学生要学会微笑、感谢与赞美，热爱生活、自信向上；尊敬师长，友善乐群，乐于助人，学会情绪管理。其二，至少有一项自己喜欢的体育运动，有较强的身体活动及协调能力，努力达到身体发育良好、视力达标、体态匀称、体质强健。其三，要养成良好的生活习惯，讲究卫生、守时守规、合理饮食。其四，学会自我保护，面对危险学会逃生及自救，面临困难拥有顽强的抗挫折意志与毅力，具有朝气蓬勃的"精气神"。

再以最后的"天下情怀"为例："天下情怀"源于清华大学"中西合璧"办世界一流大学的办学思想。清华附小百年来也一直坚持公益引领

（这包括家国情怀、国际视野、责任担当等内涵）。其一，清华附小的学生应有远大的理想和抱负，扎中华根、铸民族魂，拥有爱家人、爱家乡、爱集体、爱人民、爱祖国等思想感情。其二，有较开阔的国际视野，能够理解、尊重、包容多元文化，能与不同文化背景的人进行平等交流、友善相处。其三，天下兴亡，匹夫有责。要有为社会服务和奉献的公益精神，有振兴中华的社会责任感、使命感，进而拥有成志少年的"实践与行动"。

五大校本化核心素养表达，立足完整人的发展，立足学生需求、学科本质、社会需求，从人一生的长度来思考。但作为"儿童站立在学校正中央"的教育哲学，其核心素养的外显样态，可概括为儿童易懂、家长易明的"健康、阳光、乐学"。"健康"是指身体素养，身体是立人之根；"阳光"是指心理、精神素养，精神是立人之魂；"乐学"是指学生学习达到五大核心素养的境界，是立人之径。为此，每周的升旗仪式上，成志少年们庄严宣誓："我是清华少年，努力成为健康、阳光、乐学，拥有清华风格、中国灵魂、国际视野的现代人。"

课程整合：核心素养的校本实施

有了理念和方向，需要设计课程逻辑，进行课程构建与实施。基于成志教育的五大核心素养校本表达，如何外化为可测可量、基于学科和日常养成的目标体系？我们制定了"6+"育人课程总目标，细分为两个"6+"具体目标。具体量化如下。

首先，明晰"6+"育人目标，即课程与日常养成教育是育人目标的两个主要维度。课程内容是学生发展的核心供给力。同时，通过课程以外的六大养成教育内容，使核心素养落实落地，将五大核心素养具化为"6+"育人目标：一流好品格，一个好兴趣，一生好习惯，一项好本领，一种好思维，一品好审美……

学生"6+"学科的具体目标：儿童核心素养的达成要依据学科教学完成。依据以上"6+"育人目标，制定出六大学科目标：一身好体魄，一手好汉字，一副好口才，一篇好文章，一项好技艺，一门好外语……

学生"6+"养成教育具体目标：让学生的每一天，过一种新常态的生活！根据儿童的年龄特点以及小学6年的成长样态，确定"6+"养成教育目标，即六大主题养成教育：言行得体、协商互让、诚实守信、自律自强、勇于担当、尊重感恩……

以上根据一至六年级儿童的年龄特点及教育规律，按照"低、中、高"三个年段，设置划分为三个年段个性课程，并由此提出整合要求：启程课程为低年段，一二年级，强调基础牢；知行课程为中年段，三四年级，强调腰杆硬；修远课程为高年段，五六年级，强调起点高。

其次，确定"1+X"课程结构。"1"指优化整合的国家基础课程，其内容与形式是相对稳定的，这是源头与起点，也是重要底线，必须把牢。"X"指由基础课程衍生出的个性化发展的校本特色课程，包括学校个性课程、年段个性课程、学生个性课程三种类型。即"X"课程在学校整体设置中，有全校必修的"X"课程和年段必修的"X"课程，也有儿童自主选修的多种"X"课程。1 和 X 之间是结构而不是加法，如果 1 只是"完成"国家课程的 1，再去做这个 X，就是负担，就是头上长犄角。这其中有一个非常重要的安排，就是 1 和 X 是按黄金分割的比例，1 占黄金分割的 0.618 部分，X 占剩下的部分，中间留有一定的裕度。

"1"与"X"不断融合，构成一个有机的整体，最终实现大写的、完整的基础"一"，为形成学生核心素养打下坚实底子。

再次，探索课堂实施路径。一方面，我们既强调学科本质属性的独立性，又强调学科之间的交叉边界"整合"，更强调小学阶段"顶灯"照耀的基础性，防止"探照灯"的单一局限。基于"意义"建构实现更高层次的课程创生过程，以主题统领的方式实现学科内外相关知识、能力的有机融合，进而用以下三种方式整合成体现学生核心素养的课程群。

（1）学科内——渗透式整合。强调学科的独特属性和学科价值，充分挖掘学科内在的逻辑、关联，使之更好地发挥学科核心素养的育人功能。该整合方式占总课时的 60% ～ 70%。

（2）学科间——融合式整合。跨越学科边界，在学科属性相通、学习规律及学习方式相融的情况下，将不同学科的概念、内容和活动等整合在一起，在学科融合中形成核心素养，如数学、科学等学科主题阅读课。该整合方式占总课时的 20% ～ 30%。

（3）超学科——消弭式整合。超越学科边界，将学生的学习与其社会生活、实践打通，在实际生活情境中提升儿童发现问题、解决问题的综合实践创新能力，如戏剧课程、主题实践课程、专题学习研究等。该整合方式占总课时的 10% ～ 20%。

以上三种实施类型可以在一种学科里整体实施，进而形成课程群。以"纪念鲁迅 135 年诞辰"为例，我们以"与鲁迅童年相遇"为主题，用几个实践样态形成课群，撬动学习的发生：把课文《少年闰土》《阿长与〈山海经〉》《风筝》做经典单篇，打包不同版本的课文，如《我的伯父鲁迅先生》《一面》及拓展文本《父亲那么老了，我还那么小》，展开群文教学；补充了整本书阅读《朝花夕拾》；开展了亲近鲁迅主题实践活动……上述三种整合路径在这个课群中都有表现：

学科内渗透式整合。单篇经典《阿长与〈山海经〉》名篇教学，从经典文本的原生价值，挖掘儿童的学习价值。学习过程中，运用心理学"情感坐标"工具、对鲁迅版画成就的了解与赏析、音乐的铺陈等手段，在尊重语文学科独特属性和学科价值的前提下进行渗透式整合，体会作者"丰富的情感，复杂的表达"，最终达成"与鲁迅童年相遇"的主题。

学科间的融合式整合。学习《少年闰土》，闰土历险般的刺猬经历，给学生留下了深刻印象，他们用画笔再现了"深蓝的天空中挂着一轮金黄的圆月……"的美好画面，甚至有学生在群文学习之后，用水墨画画出了心中仰望的"大先生"。我们欣喜地看到，在儿童那里，因学习的需要，语文和美术学科无缝地融合。

超学科的消弭式整合。学生从鲁迅的文本世界走向自己的生活世界，将戏剧当作第二重生活。他们将课本剧《少年闰土》搬上了舞台，甚至有学生在阅读《朝花夕拾》的过程中自主地完成了"鲁迅喜欢什么颜色""鲁迅最喜欢的零食""鲁迅笔下的小动物"等小课题研究，在这种深度的完整情境体验中，寻找与儿童生活的生长点、儿童生命需求的契合点。

"与鲁迅童年相遇"的课程群，通过一系列深度、持续、完整的课程链条发生连锁反应产生核心素养效能，提升了学生丰富的实际获得，使他们从丰富而立体的文本世界，走向宽阔而光明的精神世界。

最后，探索核心素养评价方式。如何考核评价？我们以外化的"6+"课程育人目标为出发点，量化以下几个考量途径。

课堂教学中，考查兴趣值、容量值、方法值、意义值，突出课堂的动力价值、方法迁移、纵横捭阖和意义创生。例如，把"一流好品格"目标通过"6+"主题教育及日常养成落实编成"三字口诀歌"，并确定了金、银、铜三种奖项以及三枚金奖可兑换成"校长奖"等奖励制度……这种跟踪性、过程性的评价，可有效地激励学生的品格养成。

在学科学业质量评价中，通过"6+"质量目标量化考查。努力在教育价值取向上与学生核心素养培养相衔接，考试命题兼顾题目的基础性、开放性、时代性，突出在综合情境中运用各学科的知识、能力和态度解决实际问题。而在低年段更是淡化纸笔测试，将评价融入游戏、实践、探究等活动，开发成学生喜闻乐见的"乐考嘉年华"。毕业年级则将社会实践、小课题研究、毕业小论文（设计）紧密结合。

在评价过程中，首先体现年段衔接综合考查，以"启程、知行、修远"等6本护照作过程记录与印证，对学生由低年段到高年段的阶段目标效果进行过程与结果相结合的评价。其次，注重线上与线下结合。线上建立儿童数字化三平台：互联网在线学习、6年学业质量监测、个体发展计划；线下搭建三位一体儿童学习道德社区：打通学校、社区、社会的资源共享平台，整合真实生活世界，突出真实情境下的综合运用、大数据下的学生成长档案、学生未来发展指南等。

几年的探索，我们形成了基于儿童适才扬性、全面发展的典型课程形态，例如"全学科的主题阅读课程""马约翰体育健康课程""振宁童创课程""丁香戏剧课程"以及"成志种子课程"。就"马约翰体育健康课程"来说，我们超越国家规定的每周三至四节体育课，而是每天体育三个一，即每天一节体育课，每天一个体育大课间，每天一个体育项目可供选择。

追求"有趣、出汗、技能、安全"的原则，5 年来，清华附小学生在海淀学生体质测试过程中，5 项总分成绩全区第一名。近视率和肥胖率分别下降 20 个百分点，优秀率上升十几个百分点……

就"成志种子课程"来说，在国家"品德与社会"教材的基础上，融入"积极心理学"内容，为个性儿童提供适切的服务。比如，对极富特长、有着未来发展关键能力，或有一项劳技、一项发明、某种才艺的学生提供展示舞台——每周三面向全校学生的"水木秀场"；对特需矫正帮扶的学生，私人订制，做感统训练等专门呵护……

尾　声

让我们一起回到同一个班的那 3 个孩子身上。对"圆周率小子"，我们采取游学方式，安排孩子到五年级某班学数学，到图书馆学英语和语文，其他时间跟着同学们一起生活、游戏。在学校速算达人比赛中，孩子竟然获得第一名。而那个属于"沉默大多数的孩子"，教师则制造了"关键事件"，与爸爸一起巧妙设计一个用纸糊成的"大石头"并剪开一个三角口，让孩子带着马扎坐在里面"随心所欲"，高兴了可以透过三角口看外面同伴的演出。待到节目演出结束后，特意安排为他进行隆重的谢幕仪式……那个"足球王子"呢，因为他超额完成了每天的体育运动量，老师允许他在大课间的时候，在班里补充落下的读书、吟诵、小练笔等，结果一篇篇足球日记诞生了，还练就了一手好字。家长被弹性而又科学的安排心悦诚服，竟然成了班级足球队的教练，带着儿子连续两年拿下同年级的年度足球联赛冠军……

其实，任何时候，学校也不可能满足全部学生以及每一个学生的全部。经常地，我会翻看孩子刚入校和六年级毕业时的照片，每当这时都感慨万千：我们日渐老去，孩子在茁壮成长，怎么让好的故事发生？我们的能力和精力往往会变成压力，任重而道远，我们依然有诸多难题，也依然存在诸多的缺点和问题。

困惑与收获同在，但太阳照常升起，学生已然不同。能否尽最大可能把遗憾降至最小，让学生的核心素养成为未来发展的芯片？好在，理念让我们明确方向，理性帮我们优化思路和路径，理想让我们能走得更远！

（作者系清华大学附属小学校长）

（文章原刊于《人民教育》2017 年第 3-4 期）

核心素养落地必须与学校发展相契合

——来自广东省广州市东风东路小学的探索与实践

陈　晓

信息社会的来临，加速了学校教育"知识无限增长"与"学生学习时间有限"这一矛盾的激化，与此同时，新世纪人才培养目标也随之发生变革。为应对这一时代挑战，广州市东风东路小学确立了"适应时代，面向未来"的办学理念，找到了以核心素养总框架为引领的育人路径，对推进和落实核心素养为本的学校教育改革作了大量有益的探索与实践，目前已初步形成了以核心素养为目标，由学校环境、教师群体、教学过程和课程内容四个层次构成的"多维立体课程"，探索出一条以核心素养为本的学校教育改革新思路。

一、"多维立体课程"的内涵及其原则

核心素养能否落实，最终取决于学校的课程。换言之，课程是学校育人的载体。从学生的视角出发，可以说，学校课程就是学生进入学校场域后所获得的一切经验，它包含隐性课程和显性课程。因此，我们倡导围绕核心素养为本的育人目标体系，建构起多层次经验课程，即我们的"多维立体课程"，包含学校环境、教师、教学过程以及课程内容四个层次（见图1）。

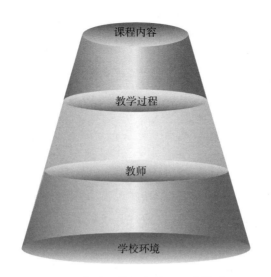

图 1　多维立体课程的四层次模型

如图 1 所示，所谓的"多维立体课程"首先超越了现有的学科课程与活动课程之争，而是在已有"学习内容"的基础上，更强调学生的学习过程，也就是"教学过程"。事实上，学生在经历不同学习过程后所形成的核心素养是截然不同的。同样是学习汉字，跟读、背诵加抄写默写的学习方式所发展的核心素养与采用合作、探究学习方式研读汉字所形成的核心素养肯定是有所区别的。因此，"教学过程"成了核心素养为本学校课程的第二维度。"多维立体课程"的第三维度指的是我们的教师。"教师即课程"意味着教师本身就是课程的有机构成部分。毕竟，教师自身的人格、行为习惯、思维方式等对学生而言，就是一种隐性课程。基于这样的认识，欧盟在推行核心素养为本的教育改革过程时，提出了与学生核心素养基本一致的教师核心素养指标体系。这意味着，要想培养学生什么样的核心素养，教师本身也要具备和发展该核心素养。因此，我们的"多维立体课程"，特别强调"教师"这一维度的课程建设。最后一个维度，自然也是十分重要的一类课程，就是学校自身。作为影响学生发展的特殊场域，学校所内含的文化与价值体系，也是促进学生核心素养养成的重要课程资源，不可忽视。

与传统平面课程的"学科本位、知识本位"相比，"多维立体课程"凸显以人为本的原则，具有自主、多元、动态、信息化的鲜明特征。可以说，

"多维立体课程"的出现适应了时代发展需要，从平面逐步走向立体，这是由教育与时俱进的本性所决定的。

如前所述，我们所主张的"多维立体课程"体系包含了学校整体价值取向与环境建设、教师专业发展、教学过程以及学习内容四大方面，而这正是学校教育的四大支柱。

二、核心素养为本的课程目标建构

学生核心素养的落实，离不开学校的校本化理解与表达。东风东路小学（以下简称"东风东"）是一所建校近 70 年，拥有 3300 多名在校师生的大校。结合自身的办学理念、培养目标，通过学校领导、教师和学生的共同参与和协商，形成了东风东"多维立体课程"的目标体系。我们把核心素养中"全面发展的人"这一育人目标具体化为"做一名优秀的东风东人"，把"自主发展"具体化为"善学活用，身心健康"，把"社会参与"具体化为"爱国笃行，胸怀天下"，把"文化基础"具体化为"求真善思，至美尚文"。

"优秀东风东人"目标的内涵是有国际竞争力的多元化人才，他们是具备批判思维与问题解决能力、正确的认知与自我发展能力、灵活的协作与创新能力、良好的信息素养和开拓国际化视野与多元文化理解能力的人。

自主发展：善学活用、身心健康。通过学生在校 6 年的学习，使学生不仅学到知识，而且会将所学运用自如。同时，在培养学生健康快乐成长的基础上，培养学生拥有正确、积极的人生观、价值观和世界观。

社会参与：爱国笃行、胸怀天下。这是立德树人教育方针的基本要求。从小培养学生热爱祖国，增强国家认同感，懂得社会责任担当，以及拥有国际视野，对于学生的未来发展至关重要，也是未来社会的需求。

文化基础：求真善思、至美尚文。旨在培养学生的人文积淀、人文情怀和审美情趣，促使学生无论是学生时代，还是未来人生，不断追求真善美，善于思考，拥有浓烈的人文情怀。

三大目标领域内含六大培养目标，是东风东人的具体表达，更是东风东路小学改革的目标与方向。因此，根据这一目标体系，东风东路小学展开了"多维立体课程"体系的建设。

三、"多维立体课程"建设的四大路径

紧紧围绕以核心素养为核心构建的课程目标体系，东风东路小学在新世纪以来展开了一系列变革与实践，探索出学校教育的三大改革路径。

（一）整体构建，尊重学生个性特征，推动学校教育走向更公平

核心素养为本的教育改革，一方面强调对人的基于共性的基本要求，另一方面也蕴含着由培养"标准人"向"完整人"转变的个性化要求，因为个体的差异性和发展不平衡性是必然存在的。基于此，要想真正实现核心素养为本的育人目标，我们认为，必须尊重学生的禀赋，充分发掘学生的个性差异，发展多元课程，以满足每个学生发展的需求。唯有如此，以核心素养为基础的育人目标才有可能真正得以落实。而这也才是真正意义上的教育公平。为此，学校在近年来探索和形成了两大特色。

1. 课程超市。

课程多样化满足学生的个性需求。2014 年 8 月，学校将课程改革聚焦于"如何满足学生个性化学习，实现其多元发展的需求"上，经过科学广泛的论证，确立了以"课程超市"重构课程体系的工作思路。

2015 年 2 月，4 ～ 6 年级开设了音乐、美术"艺术课程超市"。当年 9 月，又增加了"体育课程超市"。"艺术课程超市"的美术课程、音乐课程各设置了 6 门。音乐课程有：影视动漫音乐欣赏、音乐知识、演唱、小乐器（小吉他）演奏等。美术课程有国画、电脑绘画等。

课程超市的开发以学生为本，通过学生自选学习内容、自找学习伙伴等个性化学习模式开展。多样化平台充分尊重和照顾个性特征的差异，激发了学生的兴趣与特长，使学生乐于学习，善于学习。

2. 基于学科核心素养的多元评价。

教育评价具有重要的导向性，是教育综合改革的关键环节，而基于学

科核心素养的多元评价，无疑对学校教育质量的全面提升起着引领作用。面对未成年学生的教育评价，不宜采用指标性、非 A 即 B 式的精准评价，而应当针对学生的学科核心素养进行综合考查。

基于学科核心素养评价，分为学习成效评价和学习力评价。前者主要评价学生学习目标的达成程度，但作用有限；后者主要考查学生的学习力，重点在学生的学习取得了成效但决定因素在哪里。

学生的学科学习力评价，分为三部分：（1）学习动力评价，主要考查和评价学生的学习兴趣、态度和毅力。（2）学习能力评价，主要考查学生的学习技能、基本认识和风格。（3）学习习惯评价，主要考查学生的时间管理、反思习惯和运行习惯。

经过几年的摸索，学校尝试在学生的学科评价方面建立具有鲜明特色的基于学科核心素养的多元评价体系，但仍有一些不完善的地方，需要在实践中不断完善。

学校在探索中实现评价体系的改革创新，由起初的概括性评价改革为由班主任和每一学科任课教师，对学生每学期在各学科学习过程中的学习状态、习惯、能力等学习品质进行综合评价，更全面、更有效地考查学生的核心素养。

（二）善学活用，依托信息技术平台，推动学校教育走向现代化

"善学活用"是在"自主发展"这一核心素养下提出的具体目标。我们认为，在学习中能够"善学活用"的孩子，他们的自主学习能力必然会很强。如何促进学生"善学活用"素养的发展呢？

1.元认知提升教学品质。

课堂以元认知为支点，依托信息化平台，在学习过程中培养学生对自我的感知能力。元认知是指个体对认知过程的认知能力，主要表现为自我察觉、自我反省和自我调节。

在学科课堂学习实践中，元认知的内容是多维度的，指向知识、方法、情绪等方面；元认知的方式是多元化的，有内隐和外显之分；元认知的过程是全方位的，包括课前、课中和课后三个阶段（见图 2）。

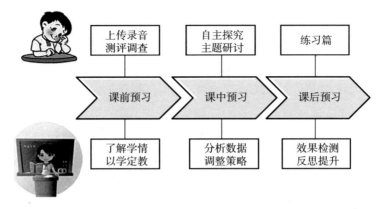

图2 元认知课堂教学应用流程

每个学生都拥有一份实名制电子学习档案，答题率、错题点、学习困惑等将及时反馈记录，自动形成日、周、月诊断单，方便教师进行分层教学和个性化指导。而这种错题集，也方便了学生有针对性地找到自己的差距。通过信息化管理平台，实现对学生学习过程的实时监控、科学评价。

以英语课为例，教师将元认知评价有机融入英语教学，围绕教学内容设计相关的评价量规，通过课前、课中和课后对学生的英语学习进行多维度学习评价。这些评价内容和数据分析都能及时地反馈给学生，帮助学生进行反思和自我调节，从而提升学生对学习的把控能力，并最终形成自己的学习力。

2. "泛在学习"使学生按需、自主学习成为可能。

随着大数据时代的到来，学校对教育信息化应用有了更多的思考，信息技术模糊了学校、课堂的边界，使线上线下学习融为一体，也使随时、随地、随需的"泛在学习"模式成为可能。

"泛在学习"对于解决课堂上教授的知识与时间固定的矛盾，实践知识学习的自主化有着不可替代的作用。

"泛在学习"突破了时间的限制（随时）："云空间"中的大量学习资源及学习软件都可随时备用，学生在家里甚至在上学的公交车上，都能随时学习。教师也可以随时利用"云空间"向学生推送新的学习资源。由此，教师的教与学生的学更紧密地关联起来，真正做到以学定教，让学习更及时、开放和个性。

（三）胸怀天下，秉持教育责任担当，推动学校教育走向更广阔

"胸怀天下"是"社会参与"核心素养在我校的具体化，它既是学生的发展目标，更是学校教育改革的发展方向。当前的学校教育，常常囿于自身的小文化圈展开设计、规划和变革，长此以往，将会使学校教育逐渐远离社会，难以承担起引领社会发展的职责。学校必须主动承担起教育的社会责任，真正实现通过学校教育影响家庭、社区和社会，继而促进所有社会人素养得以提升的教育目标。

1. 小手牵大手，家校同步走。

培养学生的社会责任，一直是学校积极倡导的素质教育担当。几年来，学校以"小手牵大手"的务实宣传推广行动实践模式，全面推动校内校外学生养成垃圾分类的习惯，并逐步影响家庭、社区乃至社会，构建出一条新颖的垃圾分类宣传体系和行为习惯形成体系。

学校大胆地推出一项新型的活动——考家长，由学校统一印发"考考您，垃圾分类知多少"试卷，以连线题目的形式，要求找出物品究竟属于哪一类的垃圾，由学生监督家长独立完成，再由学生批改打分。通过这项双赢创新宣传活动，为家庭参与垃圾分类搭建平台，极大地调动了家庭参与的热情，而垃圾分类的相关知识也真正得到了推广。最重要的是，整个家庭都知道了垃圾应该如何正确分类，通过活动，3000 多名孩子直接影响了 3000 多个家庭，收到了良好的效果。

2. 胸怀天下，增强国际理解。

一直以来，学校都在秉承传统，开拓创新，集聚各类教育资源，不断提升合作交流层次，推进教育国际化，进而让师生拓宽国际视野，领略世界文化。

为了培养具有国际视野的人才，早在 10 年前，学校就重视开展跨国文化交流，从文化同源的日本学校到具有西方文化特点的英国学校进行点对点交流，再拓展到点对面的多国交流的 CISV 国际和平儿童夏令营活动，践行了"走出校门，了解社会；走出国门，认识多元文化；走向世界，加

强国际交流，做民族文化传播使者"的理念。学校还组织学生代表团远赴美国、加拿大、日本、挪威等国家了解世界多元文化。正是通过搭建多种平台，实施无缝隙国际教育，学生得以与世界紧紧相连。这既开阔了学生的国际视野，又让他们也成为民族文化的传播者，大大提升了学生的国家认同感和民族自豪感。

"多维立体课程"体系的建构与发展，是我们在推进和落实中国学生发展核心素养这一育人目标的学校教育改革中作出的有益探索。虽然还不尽完美，但我们始终相信，它必定是未来学校教育改革的新思路。与此同时，在建构"多维立体课程"中所发掘和彰显出来的教育价值追求，也必然会成为未来学校教育发展的新路向。

（作者单位系广东省广州市东风东路小学）

（文章原刊于《人民教育》2017 年第 3-4 期）

核心素养在学校落地需要"整体视野"

刘希娅

    课程是影响学生核心素养的关键因素，课程建设是学校建设的核心。以课程建设为核心的学校建设，要在学校教育哲学的指引下进行，并把学生核心素养融入课程实施、教师课程力提升中，构建适合学校文化特质的学校课程体系，促进学生核心素养不断生成，实现学生全面而有个性地发展。

核心素养与学校教育哲学的对接点是学生

    学校教育哲学是学校作为一个组织或者共同体整体看待自身的一种方式，主要包括对待学校共同体成员的方式、对待学校工作的态度以及学校的使命与愿景，其目的是为了寻求学校教育的幸福。简言之，学校教育哲学即学校共同体的教育信仰[①]，主要包括办学理念、培养目标等。

    谢家湾小学创建于 1957 年，是重庆市首批示范小学。2004 年，学校提出"六年影响一生"的办学理念，挖掘重庆红岩文化并结合素质教育核心要义，创造性实施"红梅花儿开，朵朵放光彩"主题学校文化建设，在管理文化、教师文化、学生文化、课程文化、环境文化五个方面进行系统

---

① 陈建华:《论学校教育哲学及其提炼策略》,《教育研究》, 2015 年第 10 期。

建构与实践，使师生获得主动的个性化发展。"六年影响一生"的办学理念成为全校干部教师认可并践行的教育信仰，体现了学校办学的追求、态度和决心。

学校教育哲学往往具有内生性、公共性、稳定性等特征，核心素养在学校落地首先要与学校教育哲学对接，对接点就是学生。

谢家湾小学坚持学生是学校的灵魂，把学生的立场、体验、收获作为一切工作的出发点和落脚点。为了更好地促进学生全体、全面、全过程发展，学校从学生身心发展和未来社会发展的深层诉求出发，提出了谢家湾小学学生应具备的十大素养：热爱生活、独立思考、主动学习、沟通表达、环保健康、自律自强、跨界合作、创新实践、有情有趣、责任担当。

素养指向全面发展的人。我们提出的十大素养从学习、面对、担当、改变四个维度出发，指向学生文化学习、自我发展和社会参与三大领域素养。它具体包括：

1. 学习。培养学生的思辨、逻辑思维、应变、创新、沟通等能力；提升学识涵养、培养风度气质、修炼胆略修为。

2. 面对。具备健康的身心素养，坦然面对现实生活中的挫折和磨难，不抱怨、不气馁、不逃避，具备阳光自信、从容不迫的谢小特质。

3. 担当。直面不良现象，勇担责任，用学过的知识、方法尝试解决，成为一个在家庭、社会、国家、世界中有责任、有态度的人。

4. 改变。明辨是非，选择取道。具备中国责任、世界眼光、人类情怀，用行动去改变。

文化学习是适应未来社会的根本动力，自我发展是实现自我与推动社会健全发展的重要基础，社会参与则是个体实现自我价值与推动社会发展的根本保障。[①] "做改良世界的中国人"的校本化培养目标，将学生实现全面而有个性发展的个人价值与推动社会进步、世界发展的社会价值有机融合，让学生具备独特的存在感，明确的方向感，不断超越自我的使命感。

---

① 黄四林、左璜、莫雷等:《学生发展核心素养研究的国际分析》,《中国教育学刊》,
2016 年第 6 期。

学校要在课程层面落实核心素养

基于核心素养的课程实施，不是目标和内容的小修小补……而是系统意义上的整体设计。[①]

这种"整体设计"应该包括哪些方面？

首先要挖掘核心素养与学校教育哲学对接形成的课程建设思想共识。谢家湾小学研究课程文化，理性分析原有课程存在的问题，确立建构基于中国学生发展核心素养的"小梅花"课程。学校秉承"凡是对学生有积极影响的元素都是课程"的课程视野，形成"校园是师生共同生活、彼此影响的地方""教育教学是两个世界的相遇""整合是策略，更是思想"等课程建设思想共识。

具体到课程实施层面，谢家湾小学通盘考虑校情、教情、学情，制定五年规划，分步推进，从确立课程保障机制、国家课程校本化、改革课堂教学、改良校园生活状态等方面进行"小梅花"课程建设。

课程实施需要进一步落实到学科层面。谢家湾小学成立课程建设研究中心，由学科主任带领教师们研读国家课程标准，深刻剖析十几个学科的教学内容，梳理各学科的教学目标，将国家课程标准与学校文化、学生核心素养相融合，关注学生的思维品质和情感体验，强调教学情境与现实生活连接，注重学生的参与、体验和收获；提炼学科精神，明确学生在六大学科内应知应会的知识和技能。另外，编写《教学建议》，指导和帮助教师理解、运用课程资源和教学方法，促进学生核心素养的培养。

什么样的课程体系才能培养学生的核心素养

学科课程——真正减轻学生课业负担。

[①]陈铭凯、靳玉乐:《基于核心素养的课程创新动因、本质与路向》,《中国教育学刊》, 2016 年第 5 期。

学科课程是保障和内核。学校通过学科内部知识纵向整合、学科间知识横向整合，加强学科之间的联系，打破学科界限。学科课程集中在上午以合作学习方式实施，同时结合教师的学科背景、个性优势，鼓励教师跨学科教学，由一份教案教多年、教多个班级变为在一个班级教学，教师有充足的时间与学生相处，研究、指导学生全面而有个性地发展，多角度、立体化培养学生的核心素养。

社团课程——让每个学生按自己的优势去发展。

社团课程是选择和补充。社团课程设置灵活多样，每个年级每天下午都开设社团课程和以实践性、操作性、交互性为主要特点的专题活动。社团课程包含生活实践、体育锻炼、艺术创作、语言表达、思维拓展五大类100余项项目，由本校教师、家长、社会各界志愿者共同担任导师，通过"走班选课"打破班级、年级界限，学生因共同兴趣而成为学习共同体。社团课程的选择充分尊重学生的主体意识和自主权利，最大限度地满足学生的自主性、选择性学习需求，让每个学生按照自己的优势去发展。各学科进行专题活动时，师生走出教室、校园，通过辩论、演讲、表演、测量、购物等方式开展，学生从他律到自律，品行、思维、合作、表达、实践、创新等综合素质和能力都得到明显提升。

环境课程——校园即课堂，一切皆课程。

环境课程是前提和基础。环境课程是一种无声的教育语言，一个隐性的课堂，一本鲜活的教材，"是对学生精神世界施加影响的手段，是培养他们的观点、信念和良好习惯的手段"。学校通过建设环境文化、营造人文氛围、开展实践活动、凝结教育合力等举措，构建了校园物理环境课程、学校人文环境课程、家庭生活环境课程、社区实践环境课程四个维度的环境课程，润物无声地影响学生核心素养的形成与发展。

学校课程实施的三个关键

一是基于核心素养，改善教与学的方式。

基于核心素养的学习总是要求与具体情境结合起来，通过具体任务获得必要的素养①。因此，学校着力引导教师的教育教学从关注单一的学科学习转向关注学生作为人的综合成长和核心素养的发展。

学校鼓励教师在一个班级跨学科教学，解决"跑班"带来的师生关系薄弱问题，让师生相处时间更多、层次更深，进而使因材施教成为可能。学校取消讲台，推行"半圆桌"围坐，拉近师生距离，由教师中心转向学生中心，关注学生学习的生成、实践、操作、思维转化、问题解决的全过程，而不是单一的学习内容，更利于培养学生合作交流、独立思考、实践运用等能力。这样的形式更适合专题教学。六大学科专题活动每周一次，每次两个小时，活动内容打破学科间界限，根据小学生学习特点和身心发展规律，统一安排在下午，约占教学总课时的30%，为学生提供更多的情境以运用所学知识解决真实问题，使学生跨学科、超学科综合素养得以培养。

教师逐渐从讲授传统知识的"学科为中心"转向营造具体情境的"学习为中心"，在真实的学习情境中培养学生的核心素养。"在这样的学校，学习过程是真正以学生为主体的对话过程，是学生人格发展、心灵世界建构的过程。"②

二是基于核心素养，改良校园生活状态。

为更好地促进学生核心素养的形成，学校优化作息时间：取消了统一的上下课铃声和大课间活动，将"大一统"的40分钟课时调整为30～60分钟，有机协调不同科目的课堂教学时间分配。比如，每天上午的3节学科课程每节课50分钟，由教师安排学习、活动；30分钟的英语课程保障学生英语表达的机会和水平。另外，通过午餐课程化，师生达成"会吃饭"的约定：均衡营养不挑食、光盘行动不浪费、文明就餐讲礼仪、次序排队守规则……午餐自助养成了习惯，提升了素养，形成了文化。

自然、自主、个性化校园生活状态使得学生的学习与生活互相融合，从他律走向自律，从静态、单一的被动接受到自在放松、主动参与、深度

---

① 张紫屏：《基于核心素养的教学变革——源自英国的经验与启示》，《全球教育展望》，2016年第7期。
② 陈树生、李建军：《课程文化：学校文化建设的核心》，《教育发展研究》，2010年第2期。

实践。学生们正在逐步接近"无须提醒的自觉，以约束为前提的自由，为别人着想的善良"的理想生活愿景。

落实核心素养亟须加强教师专业引领

教师是教学的具体实施者，在学生核心素养发展过程中扮演着转化者的重要角色。[①] 在基于核心素养的学校课程建设中，教师的专业引领贯穿始终。谢家湾小学注重通过培训、科研和引进优秀人才等措施提升教师团队素养，促进学生核心素养的落地生根。

学校始终把教师培训作为最优先、最有投入价值的工作，实施"多层面、多因素"的培训。比如，邀请雷夫·艾斯奎斯、南洋理工大学教授张延明等30余位专家到校帮助教师理解核心素养与教育教学；学校搭建平台，鼓励教师外出培训学习、分享教育教学经验；针对核心素养开展阅读行动，近5年为教师累计发放《课程的逻辑》《56号教室的奇迹》等经典书籍60余本……这有助于提升教师队伍素养，为核心素养融入教学保驾护航。

科研是提升教师专业素养的有效途径。10年来，学校借助全国教育科学规划课题"学校文化促进学生全面而有个性发展的实践探索"和中国教育学会规划课题"学校主题文化的实践探索"，展开8项市级以上专项课题研究，成立38个教师工作室，全校教师以小课题形式深度研究"核心素养生成"在课堂建设、教师培训等重点领域的落实，极大地提升了教师研究核心素养的理论水平和实践反思能力。

落实中国学生发展核心素养，既要汲取有效经验，也要开创性探索，因此迫切需要将更多优秀人才引进教师队伍。2011年以来，谢家湾小学从香港大学、英国南安普顿大学、北京师范大学等高等学府引进了大批本科生、研究生，为学校带来多样文化的交流与生成，让团队充满创新活力，在新技术运用、资源整合、跨学科教学等关键环节提升教师素养，进而促

---

① 姜宇、辛涛、刘霞、林崇德：《基于核心素养的教育改革实践途径与策略》，《中国教育学刊》，2016年第6期。

进学生核心素养的转化与落实。2015 年 10 月，学校与芬兰芬中教育协会共同成立"课程联合开发实践基地"，在课程开发、师资培训、课堂教学等方面纵深推进培养学生核心素养的研究，让核心素养在学校落地生根。

[本文系全国教育科学"十二五"规划 2011 年度单位资助教育部规划课题"学校文化建设促进学生全面发展与个性发展的实践研究"（FHB110163）研究成果]

（作者单位系重庆市谢家湾小学）

（文章原刊于《人民教育》2017 年第 8 期）

核心素养与学习方式变革

数字化背景下的核心素养培育

——基于极富空间的混合式学习模型构建

范太峰

数字化背景下，人们接收各种信息的渠道从相对单一到无限多样，从相对确定到无穷变化，学生也是如此。00后学生思想日益活跃，其独立性、选择性、多变性、差异性明显增强，学习方式更加开放、多样、个性化，这成为推动学校课程、教材与教学创新的最直接诉求。经过多年的探索实践，我校构建了指向学生核心素养的"混合式学习模型"——可同时集纳"数字化"与"素养追求"的学习模型新类型。

通往深度学习的一个入口

"极富空间"不是对具体的、现实的物理学习空间的表述，而是迈克·富兰描述新教育学未来前景的一个展望。他提出的新教育学可以简单地定义为：基于普遍使用的数字资源，以深度学习为目标的学生和教师的学习伙伴关系的新模式。基于数字化背景下的深度学习再次提出一场重要的讨论——关于我们能够做些什么，以及怎样快速达到让学校的每个学生都能够获得在21世纪生存下去所需要的教育。其方法未必全是新的，但是它所推崇的与学生达成学习伙伴关系，正是叶圣陶先生倡导了至少半个世纪的教学方法——"教是为了不教"的实践应用。可以说，数字化背景下的"混合式学习模型"构建直指"学生发展核心素养"的目标靶心，同时让叶圣陶先生的教育思想再次焕发生机，开新花结新果。所以，"混合式学习模型"那些可定义的特征是通往深度学习之极富空间的一个入口，也成为我校探索实践"最具影响力"课堂的加速器，让其成为现实。

我校混合式学习模型——e+c+a—Learning（e 网络学习 +c 传统教室学习 +a 行动或体验学习）的构建，很好地体现了数字化背景下，学校教师多年普遍认同的某种价值追求和教育思想。

e+c+a—Learning 学习模型，设计"学习"（learning）与"行动"（action）的混合，修正了通常理解的混合式学习模型"e—learning+ c—learning"（网络学习 + 传统教室学习），这应是更有效的混合式学习模型。e+c+a—Learning 学习模型更强化了"学习体验"的作用，即学生"参与"学习过程，创造新知识，运用新知识解决问题的作用。无论线上、线下或课前、课中、课后，都强调行动或体验学习（action—learning），强调学习过程中学生生成新想法、新知识，并能够利用数字工具的力量将新想法、新知识与现实世界相连，即学生参与、知识生成、"知识工作"的技能。它可以是 e+c+a—Learning，也可以是 e+a—Learning，还可以是 c+a—Learning。这种多样化、风格化、个性化的模型，有利于发展学生的核心素养（见图 1）。

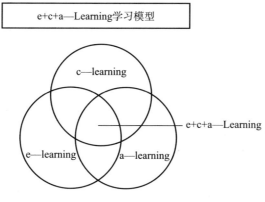

图 1　e+c+a—Learning 学习模型

提出构建"混合式学习模型"，其一，扬弃国际上成熟的混合式学习模型理论。我们把抽象的理论具体化、本土化、特色化、校本化。其二，提炼本校多年教育教学改革的实践和理论研究成果。总结近两年数字化背景下的"未来教室""微活动""山塘课程"等一系列创新学习模型的试验、论证、研究结果，提倡学生实实在在地做能够改变学习生活、学习环境的事情，营造行动文化，初步探索出适切本校风格、适于发展学生核心素养的"混合式学习模型"。其三，立足本校学情的创新学习范式。一是分析学校合并后学生学习需求的多层次化和学习背景多样化问题，了解学生的学习起点、学习风格和学习需求；二是分析新课改背景下学习目标和学习内容；三是集合核心素养要素，发扬民主，试验、探讨、论证新的学习范式。其四，体现"个性飞扬"的学校教育目标。学校近两年致力于研究分析用数字技术介入整个学习过程的设计，让教学成果不仅仅局限于成绩分数，还将体现在问题解决、合作、创造力、思维等多方面。

不同的教育教学目标和价值追求塑造不同的学习模型。比如，"知识中心化"的教育目标自然构建"灌输式"绝对延长学习时间的学习模型，追求"成绩"唯分数论。而核心素养体系下的学习模型构建应该是开放、灵动、多元的，其核心发展方向是让学生和教师都成为优秀的终身学习者。比如新"小组合作学习"，教师与学生构建学习伙伴关系，通过彼此的相互学习提升同伴教学效果，把学习与学生的兴趣和心愿联系起来。

学习模型的构建影响了学校课程、教材和教学创新的性质与方向。混合式学习模型不仅需要学生去体验学习、创造新知识，还要他们把新知识与现实世界相联系，运用数字工具从事学校之外的工作，比如"山塘课程"构建。只有通过运用知识去"做事情"，才能在以知识为基础、以数字技术为导向的社会中创造价值。

通过"一组一品"回归学科核心素养培育

学校用 3 年时间摸索出以"一组一品"课堂教学模式为抓手的学习模型，"一组一品"是指提炼学科教学校本特色。不教之教，首先还是要立足于研究"教"。为更准确把握学科课堂教学规律，找准本校学科教学的优缺点和特质塑造的着力点，学校立足于教研组、备课组，借助专家团队的指导，历经专家调研和组内讨论、提炼、论证之后，在把握各学科性质特点的基础上，逐步建立了各学科"教为不教"的课堂范式，进而形成各教研组的教学特色——"一组一品"。通过"一组一品"回归学科核心素养培育，回归学科教学"本色"价值。转变教师原有观念，引领教师既要埋头拉车、辛勤耕耘，更要抬头看路、反思提高，创设更加和谐、高效的教学氛围，优化教学过程。

"一组一品"引领下的科研活动，旨在探索让教学回归自身价值，即回归学科核心素养。结合学校实际、学科特征、学生特点，对学科的知识和技能进行拓展、延伸和补充，培养学生的核心素养，开发校本课程，编写校本教材。

在历经 3 年的"小组合作学习"模型构建及"校本化"课程建设之后，我们摒弃了以教师为中心的教学设计、活动设计和评价方式，在理念和实践层面进行创新调整，打破原有以教师为主体的教学目标、教学内容和教学任务的设定，帮助学生成为学习的主人。

借力技术工具，实现核心素养转化

将"核心素养体系"置于深化学校课程改革、落实立德树人目标的基础地位，成为下一步深化工作的"关键因素"，也是基层学校未来教育教学改革的灵魂。因此，未来学校的工作任务是用核心素养目标梳理学校育人目标，并引领教育教学创新。以"核心素养体系"重新梳理、提炼、提升学校的教育思想，形成校本特色的教育创新理论。

核心素养目标决定了学校教育新模式构建的性质和方向。"混合式学习模型"的构建，超越以往任何单一、暂时的教学项目的创新。它创建了积极的学习环境和良好的学习型、研究性、合作性学校发展文化，推进学校各项工作沿着"核心素养"的轨道行进。它集合了核心素养的要素，将"数字化"空间、"素养化"目标、"体验化"创造性学习渗透在一节课、一本教材、一个课题、一门课程、一次活动的创新实践中，让学生获得未来社会所需要的各种技能和智慧，是非常有益的探索和实验（见表1）。

表1　混合式学习模型的运用

语文	导入新课——寻疑解惑——拓展活用——学评小结
数学	情境创设——新知探索——精讲精练——拓展延伸
英语	新课导入——教学互动——作业巩固——当场小结
物理	新课导入——实验探究——课堂练习——课堂小结
化学	记忆搜索——活动探究——精讲精练——梳理评价
政治	热点评析——自主探究——习题训练——课堂小结
历史	知识梳理——问题探究——当堂巩固——知识建构
体育	热身运动——启发学练——拓展合作——恢复身心
生物	情景导入——小组活动——点拨提升——课堂小结
地理	复习导入——自主探究——习题训练——梳理评价
美术	新课导入——新课讲解——课堂实践——学评小结
音乐	课标理念——诱发兴趣——发现探究——情感体验
信息	知识回顾——探究解析——实践创新——点评总结

其一，"素养化"与混合式学习模型的结合体——"乐学"模型。

经典模型："乐学"模型＝"乐学"课程＋"乐学"课堂＋"乐学"评价

"乐学"课程＝国家课程＋地方课程＋国家课程校本化（校本必修）＋综合实践辅助课程（校本选修）。其构建方向是国家课程校本化、地方特色校本化、校本课程草桥化；构建目的是在面向全体中突出个体发展，在差别发展中实现全面发展。

"乐学"课堂＝"乐学"模式＋"四会"素养＋"三力"标准。

"乐学"课堂，为混合式学习模型提供最直接的实践空间。以"全面发展人"的目标培养会计划、会自学（理解、提炼、整理、提问）、会反思、会落实（检测自己的学习效果）的草桥学生，凸显素养的核心。"乐学"课堂的标准是吸引力、生长力和影响力；在"三力"标准下的课堂是变化的课堂、深入的课堂、让师生有成就感的课堂。它是创新与超越的课堂，发展路径即"乐学"课堂＝生本课堂＋"苏式"课堂＋"自主学习"课堂＋有效课堂＋"教为不教"课堂＋……遵循学生认知发展、符合教育教学规律的课堂。

"乐学"评价＝生主考评＋学科测评＋监控评价＋过程评价。

"乐学"评价凸显评价的多元、开放和灵动性。比如生主考评的"初一跨学科'智识'大拼盘""初二主科'兵考兵'""初三全科'才力大比拼'"，又如兼顾不同学情的"学科测评"改革——学生参与试卷评析，参与考试评价末端环节，再如运用信息技术手段（极课系统的引入、推广）助力构建学校学业过程评价体系。总之，"乐学"评价是动态生成性评价，是关注学生成长、教师发展的混合式评价。

"乐学课程""乐学课堂"和"乐学评价"系列，是实现"素养化"层级目标的有效路径，也是最终成型"乐学"模型的根本保证。"乐学"模型的构建目标，是让每个教师拥有自己的教学范式，形成自己的教育主张及教育风格，从"一组一品"发展到"一师一式"，而学生也因为个性化教育范式获得了自己独有的学习体验，即"一生一本"，每个人在课堂学习中获益不同。

其二，数字化与混合式学习模型的结合。

"数字移民"（教师）应对"数字土著"（学生），不再简单地用"双板""PPT"辅助教学，而是主动尝试创建极富空间下的教学新范式。比如，初二数学备课组的"微视频"数学实验学习；语文备课组的"微信"作文实验教学等，初一、初二年级"基于 starC 平台的混合式学习模型"，更是在热火朝天地全面推进。

"混合式学习模型"能帮助学生逐步发展成为独立自主的学习者，能够有效设计、追求并达到他们的学习目标和个人期望，同时也完成课程的学习目标。教师的最终目标，是帮助学生成为他们自己的教师，真正实现"学习无处不在"的教育理想。

其三，极富空间与混合式学习模型的结合。

极富空间理论与"素养化"教育目标和我校创新实践非常契合。极富空间理论不仅需要学生创造新知识，还要他们把新知识与世界相联系，运用数字工具从事学校之外的工作。只有通过运用知识去"做事情",才能让学生获得经验、自信、毅力和前瞻性,从而在以知识为基础、以技术为导向的社会中创造价值。比如,我校"山塘课程基地"的建设,直接把学生引导到知识创新的路径。同时,集中了历史、政治、语文、数学、英语、音乐、美术、信息、心理等多门学科教师,初一、初二、初三学生和家长、专家、社会志愿者等多种力量,共同帮助学生完成学习构建。

其他的创新学习方法和项目,如课程研究、伙伴教学、班级组例会、班级管理路线图和专业学习团队,都能够培养支持混合式学习模型所期待的合作与学习伙伴关系。

其四,基于混合式学习模型的评估机制。

混合式学习模型的评估机制主要包含学习互动评价、过程性评价和终结性评价等方面,形成对混合式学习模型的多元化学习评估机制。混合式学习模型的评价守正"三力"标准:创造力为先,生成力为本,影响力为出发点和归宿。

可以这样概述评价的总体思路:要有效创设学习活动(情境),并针对该活动(情境)引申出来的有意义、指向素养的问题,要求学生综合运用知识和技能、思想和方法完成某(几)项任务,从而引发预期的行为表现,证实核心素养水平。

这样的评价方法朝着评价"混合式学习模型"构建的关键要素转型并发展:掌控学习过程、知识构建,以及我们已经描述的积极"做"的倾向。同时,果断终止那种学习掌握课程知识只为了准备考试而不是为了学生的行为。

混合式学习模型的构建在实践中还有不足,需要完善。一是宏观领域的扩展性,如何给学生思维的发散性和多元选择性留出极大空间。二是微观层次的深化,如何有效提升学生的思维张力。三是过程变化的推移性。创新活动既要有长远性和全局性,还要有及时性、紧迫性,如何调动师生情感,激活思维,主动参与教育创新的欲望和行动等。

诚然,高质量完成"混合式学习模型"构建需要教师有丰富的专业素养,具有敏锐的洞察力和丰富的建模经验。所以,正如学生的核心素养一样，教师的专业核心素养也是教育、实践与反思的结果，是教师终身发展的结果。

同样，我们看到了创新构建学习模型的前景，在现实中察觉到数字化背景下构建"最具影响力"学校的先机。这是一个在不久的将来就要实现的未来，会开启许多人（包括教师、家长）学习的创造性，也是一个值得开拓的极富空间。

（作者系江苏省苏州市草桥中学校校长）

（文章原刊于《人民教育》2017 年第 3-4 期）

核心素养落地的难点与突破

全球视域下学生核心素养模型的构建

辛涛 姜宇

    当今社会，科学技术和人力资源成为社会经济发展和全球竞争的重要资源，越来越多的国家从发展战略的高度来看待教育。进入 21 世纪以来，在世界经济竞争的强烈冲击下，世界各国纷纷思考如何结合时代要求对教育进行调整，提高教育质量，增强国民素质，以适应未来急剧变化的人力需求。

    全球化和信息化的趋势对人的能力素质要求增多。人与人之间合作互助机会的增多，文化和经济的多元化，都要求增强人的文化理解和文化包容能力，同时也需要增强获取与利用信息的能力、解决复杂现实问题的能力、创新精神与创新能力等。对个人而言，获取这些能力是适应未来社会的重要条件；对国家而言，培养出全面发展、适应未来社会生活的公民是形成和谐稳定的社会、建设人力资源强国的重要保证。

    与此同时，在教育改革与发展的浪潮中，教育质量观发生了巨大转变。在传统的教育质量观里，质量评判的依据主要是"入学率""毕业率""教学资源和设施"等，然而，衡量教育质量不仅应依靠学生考试成绩，也应涵盖学生全面发展的诸多能力。在"素质教育""全民教育"质量观的带动下，对教育输出结果的相关信息需求也不断增长，尤其需要一个权威的参照框架，即一个学业质量标准体系，用以指导各学科开展对教育输出结果信息的收集和报告，这更有利于地区间教育结果的比较和相互借鉴。核心素养是学业质量标准的主要内容，各个国家都试图建立符合本国国情的核心素养框架或指标体系，以指导教育实践。

国际组织和世界主要国家（地区）学生核心素养模型的内容和结构

学生的核心素养涉及知识、技能、情感、态度、价值观等多方面能力的要求，是个体能够适应未来社会、促进终身学习、实现全面发展的基本保障。这些素养不仅能够促进个体发展，同时有助于形成运行良好的社会。为了实现这一目标，国际组织和各国都建立了结构完整的核心素养体系，以此来推动基于核心素养的教育改革。由于世界各国的教育实践各不相同，核心素养的结构以及其对教育改革的影响和促进作用也不尽相同。

（一）以 DeSeCo 项目为代表的并列交互型

OECD 的 DeSeCo 项目所建构的核心素养为并列交互型。它的核心素养模型如图 1 所示。

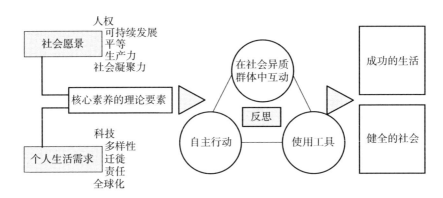

图 1　以 DeSeCo 项目为代表的并列交互型

DeSeCo 是早期建立学生核心素养模型的项目之一，影响很广泛。OECD 大部分成员国，包括一些非 OECD 国家和地区也采用了这一理论模型来建构本土化的核心素养，如澳大利亚、新西兰等国以及我国的台湾地区。此外，许多国家和地区即使与 OECD 核心素养的框架完全不同，但其内容大多可以分为人与自己、人与工具和人与社会三个维度，彼此之间的关系也为并列交互型。

（二）以美国"21世纪技能"为代表的整体系统型

美国"21世纪技能"是整体系统型，核心素养辐射影响教育的各个环节，融入整个教育体系。21世纪技能体系主要包含三个部分，形成一个"彩虹"形状（见图2）。

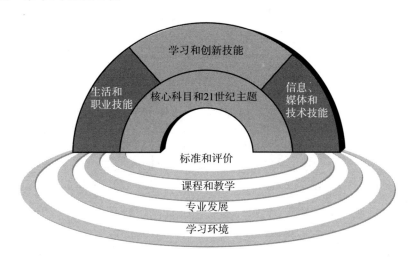

图2　以美国"21世纪技能"为代表的整体系统型

同时，每一项21世纪核心素养的落实都依赖核心学科知识的发展和学生理解，因为批判地思考与有效地交流都必须建构在核心学科知识的基础之上。它阐释的是培养核心素养的内容，包括"核心科目与21世纪议题"。核心科目主要包括英语、阅读和语言艺术、外语、艺术、数学、经济、科学、地理、历史、政府与公民等。同时，在保留传统核心课程的基础上，还增加了5个21世纪议题，其目的在于帮助学生进一步学会应对现实生活中的具体问题，但是教学活动并不以独立学科存在，而是融入核心科目。21世纪议题是跨学科的，其内容包括：全球意识；理财素养；公民素养；健康素养；环保素养。

不仅如此，一系列支持系统帮助将核心素养融入核心学科的教学中。

这一支持系统包括标准和评价、课程和教学、专业发展、学习环境，它们构成"彩虹"的基座部分。

（三）以日本"21 世纪型能力"为代表的同心圆型

日本"21 世纪型能力"的核心素养结构是同心圆型：内核是基础能力，中层为思维能力，最外层是实践能力。"21 世纪型能力"用三个圆表示三种能力的关系，基础能力支撑着思维能力，而实践能力则引导着思维能力。同时，这三个圆是重叠的，意味着基础能力、思维能力和实践能力不是孤立存在，而是相互依存的，无论何种课程，都要共同体现这三方面的能力。

"思维能力"居于"21 世纪型能力"的核心地位，它由解决和发现问题、创造力、逻辑思维能力、批判思维能力、元认知、适应力等构成。支撑"思维能力"的是"基础能力"，即"通过熟练使用语言、数字、信息等来实现目标的技能"。在"21 世纪型能力"的最外层是"实践能力"，它限定了思维能力的使用方法。所谓"实践能力"，就是指"在日常生活、社会和环境中发现问题，并运用自己掌握的知识找到对自己、社会共同体和社会有价值的解决方法，然后将这种解决方法告诉社会，与他人共同协商讨论这种解决方法，通过这种方式认识到他人与社会的重要性"。这里包含着调整自我行动和自主选择生活方式的生涯规划能力、与他人进行有效交流的能力、与他人共同参与策划构建社会的能力、伦理道德意识和市民责任感等各项能力。

学生核心素养模型推进教育改革的国际经验

建构核心素养指标体系的目的是要将核心素养落实与推行到具体的教育、社会活动中去。核心素养模型逐渐渗透进各国教育改革的诸多领域，最主要体现在两个方面：一是基于学生核心素养推进课程改革；二是基于学生核心素养推进教育质量评估。

（一）启动基于学生核心素养的课程改革

学生核心素养模型对教育改革与发展的影响，首先体现在以核心素养推进"关注学生发展，培养学生核心能力"的课程改革中。目前，许多国家和地区结合本国（地区）的实际，启动或正在启动基于学生核心素养的课程改革。具体来看，有如下几种方式。

第一，通过立法的形式正式颁布包含学生核心素养的新课程。受OECD、欧盟等国际组织的影响，新西兰、法国、芬兰等国较早地启动了以核心素养为基础的课程改革。法国在2006年7月11日正式通过并颁布了《共同基础法令》，以教育法的形式将核心素养指标融入课程目标之中。与之类似，匈牙利教育文化部于2007年颁布了《国家核心课程》。新西兰也在2007年正式颁布了《新西兰课程》，在其中正式提出了五种核心素养，并建构了相应的发展核心素养的网络。芬兰在具有法律效应的《国家核心课程》中明确规定了学生的核心素养，根据当代以及未来社会和欧洲国家对公民的要求，将素养划分为七大不同的主题，在每个主题下又细分了小目标和核心内容，然后再将这些内容具体到各门学科。

第二，通过修订课程标准的具体内容设置体现学生核心素养的要求。一些国家虽未采用立法的形式将核心素养纳入国家课程，但重新修订课程标准，在许多方面都体现了培养学生核心素养的要求。日本将核心素养的培养渗透在新修订的国家课程标准——《学习指导要领》中，新《学习指导要领》将培养学生的"生存能力"定为日本义务教育的基本目标，即"知、德、体"，具体是指"扎实掌握基础知识和基本技能以及在复杂变化的社会环境中独立发现问题、主观判断、自主行动、妥善解决问题的素质和能力；自律、协作、爱心、感动等丰富的内心世界；能够坚强生活于世的健康的心理和体魄"。同时，在课程内容、教育建议以及相关配套材料当中都将落实学生核心素养作为重要内容。

第三，一些国家由于没有国家层面的课程标准，其核心素养框架本身就是课程改革的重要环节，推动课程改革的发展，最典型的是美国。美国的21世纪技能通过《共同核心州立标准》（Common Core State

Standards, 简称 CCSS）发挥着国家课程标准的作用，而其研制机构"美国国家管理者协会（National Governors Associate, NGA）"和"州立学校首席管理会"（Councic of Chief State School officers, Ccsso）都是 21 世纪技能的合作伙伴，CCSS 的修订体现了美国 21 世纪技能的要求。比如，英语学科标准不单单涉及英语一个学科标准，而是由跨学科的三个部分组成：K-5 跨学科综合标准；6-12 英语语言艺术标准；6-12 历史、社会、科学、技术学科中的读写素养标准。可以说，21 世纪技能是核心课程和素养的结合；而配合其指导课程的"共同核心州立标准"是以规定学生学业能力为主要内容的质量标准，并不是以学科内容为导向的课程标准。它通过规定学生要达成的基本能力保证课程和教学能够促进学生核心素养的形成。

（二）基于学生核心素养开展教育质量评估

学生核心素养模型推进了教育结果导向的教育改革。"关注学生全面发展"的教育质量观给教育质量评估领域带来了机遇和挑战。可以说，学生核心素养模型不仅催生教育评价理念的改革，还为教育评价内容和指标提供重要依据，其中 PISA 是推进基于学生核心素养的教育质量评价最典型的例子。

PISA 是 OECD 举办的大型国际性教育成果比较、监测项目，目标是回答义务教育结束后的青少年（15 岁）是否为迎接未来社会的挑战作好了准备。在学生素养模型的指导下，PISA 不同于一般的纸笔测验。从测试的指导思想来看，PISA 并不是关于学校学习内容的考试，它关注的是学生充分参与社会、经济活动并使之成为终身学习者的能力和素养，旨在测量学生在实际生活中创造性地运用学校教授的知识、技能的能力。从测试的内容来看，PISA 测验的主领域是阅读、数学和科学，它不局限于学校和书本教授的内容，而是从适应未来生活的角度重新定义测验内容。比如，PISA 所测试的阅读素养不仅强调阅读者能够理解所读文章的内容意义，还强调阅读者通过阅读获取知识信息，以此满足自身需求，并有效参与社会。此外，PISA 对素养的测试还纳入了情感、动机、价值观等非认知内容以及问题解决、学习策略等元认知内容。从测验结果的影响范围来看，几乎所有的

OECD 国家和一些非合作国家都参与了 PISA 测试。测验之初（2000 年）有 43 个国家和地区参与，而到 2012 年已增加到 65 个国家和地区。PISA 测试的结果反馈给各参与国（地区）丰富的教育信息，使政府能针对教育现状进行及时调整。PISA 的成功充分体现了基于核心素养的教育质量评估对教育改革与发展的促进作用。

国际经验对我国学生核心素养构建的启示

第一，我国学生核心素养模型的构建可以借鉴国际经验，同时也要关注我国国情和教育实践。"关注学生全面发展"的教育改革和发展浪潮催生学生核心素养模型的建构。我国学生核心素养模型的构建还处在起步阶段，而多数国家及国际组织已有较为成熟的经验可供借鉴。结合国际经验，在构建我国学生核心素养模型时，要注重科学性、民族性、时代性。学生核心素养模型的建构必须从人成长发展的一般规律出发，符合学生身心发展与教育教学活动实践的客观规律，保证其科学性。同时，学生核心素养模型要反映新时期社会对人才的新要求，跟随全球化、信息化发展的大趋势，体现知识和科技的迅猛发展，这样才能使学生适应未来社会生活，拥有终身学习的能力。此外，根据国际经验，各国或地区在遴选学生发展核心素养指标的过程中，不仅表现出适应时代发展需求的共同趋势，也都根据本国的国情和教育文化环境特点提出具有国家和民族特色的素养指标。我国在建立学生核心素养模型时应充分考虑中华民族的传统文化和教育实际，体现民族性。

第二，注重学生核心素养模型对教育实践的指导作用，促进学生核心素养与课程结合，推动课程改革。学生核心素养是关于学生能力的模型，以促进学生全面发展和终身学习为目标。我国现行的教学和课程体系重视对学科知识内容的诠释。这种以学科知识为导向的课程，知识结构科学、完整，能够使中小学生打下良好的知识基础。然而，以学科知识为中心的课程侧重学科知识的科学性和完备性，往往将现实生活的知识抽象成学科教学的科学内容教授。学生在学习过程中，面临的常常是抽象的知识世界，形成的是"碎片化"的知识，而难以将书本的知识和现实世界发生联系，无法运用学过的知识解决现实生活中出现的问题，缺乏问题解决能力、创造性思维等。以培养学生核心能力和素养为主线，安排学科知识内容，则能有效地解决学生现实世界和知识世界的冲突，让其面临真实而复杂的现实问题，提高学生的综合能力，使其得到全面发展。

结合国际经验，将核心素养融入课程的工作重点可以放在以下几个方面。其一，通过核心素养模型指导学科目标的设置。在学生核心素养的指导下，每一个学科需要根据各学段学生核心素养的主要内容与表现形式，结合本学科的学科内容与特点，提出该学科实现学生本学段核心素养的具体目标，要体现本学科特色。同时，也应该注意跨学科素养如何在本学科中进行培养。其二，通过核心素养模型改善内容标准呈现的方式。基于核心素养的课程体系要打破传统课程标准以学科知识体系为中心的编撰思路，要以促进学生该学科核心素养的形成为导向，设计时需要结合本学科本学段学生需要形成哪些核心素养来安排学科知识。其三，通过核心素养模型丰富教学建议的内容。教学建议不可泛泛而谈，要根据培养的素养和学科内容的特点给予有针对性的教学建议，以促进学生核心素养的形成。其四，根据核心素养模型在课程标准中建立学业质量标准。质量标准不同于核心素养，它与学科能力紧密相关，是学生核心素养在某个学科中的具体体现。建立学业质量标准可以指导教师在教学中把握难度深度，也可作为学生学业能力评价的依据。

第三，增强学生核心素养模型对教育质量评价的指导作用，促进考试与教育评价的改革。核心素养是衡量教育质量、促进教育评价改革的重要依据。采用学生核心素养模型推进教育质量评价是当前的国际趋势。核心素养对学生经过一段时间教育之后所需要达到的能力和素养作出了规定，也就是对教育结果进行了规定。在学生核心素养模型的指导下，考查学生是否达到所规定的能力或素养，可以用以检验和评价教学效果与学习结果，同时也可以用以衡量教育质量，优化教育评价模式。

基于学生核心素养的考试与评价有别于传统测验。首先，基于学生核心素养的教育评价不仅关注单一学科的学科能力，还注重跨学科的能力，增加了考试灵活性，能够更加全面地考查学生综合运用知识解决问题的能力。其次，基于学生核心素养的教育评价在学生的学业方面不仅关注学科能力，还关注情感、态度、价值观以及问题解决与学习策略等方面的能力素养，使测验能够更加全面地掌握学生能力与素养的状况。最后，核心素养对学生学习结果定义更加宽泛，不仅关注学生学业水平，还将道德和公民素养、品行、沟通、文化交流等内容纳入其中，是对一个全面发展的人的综合性评价。当然，推进学生核心素养模型指导下的考试与教育评价，要转变教育评价理念，探索多元的评估内容和评价方式，这样才能更加有效地反映学生的能力素养，更加准确地体现教育质量，为教育提供正确的信息反馈。

（辛涛单位系北京师范大学中国基础教育质量监测协同创新中心；姜宇单位系解放军后勤学院后勤政工教研室）

（文章原刊于《人民教育》2015 年第 09 期）

核心素养如何落地

——来自全球的教育实践案例及启示

刘　晟　魏　锐　周平艳　师　曼　刘　坚

在我国公布《中国学生发展核心素养》之前，世界上多个国际组织和经济体已提出了各自的 21 世纪素养框架，有些甚至展开了一段时日的实践尝试。虽然他们围绕核心素养展开教育实践的时间不长，其效果也尚需时日方能在学生身上得以体现和检验——对其核心素养教育的实践成效展开述评可能还为时尚早，但这些实践案例可以反映出全球教育从业者对核心素养教育推进方式与落实途径的思考和认识。

呈现与分享这些国际组织和经济体的案例，既不是为了照搬和模仿，也不是因为我国完全没有类似的尝试，而是要通过这些案例及其背后所反映的思想，归纳对核心素养落实途径的思考和认识，借鉴全球教育从业者的集体智慧。

案例及启示 1：落实核心素养需要系统化解决方案

澳大利亚在 2009 年设计国家课程时，提出要在课程中培养学生的七项通用能力（general capabilities），并于 2010 年和 2011 年陆续发布了一系列课程文件，从各学段的课程设计上将这些通用能力融入学科课程，构建了一套系统化的解决方案。例如，在其公布的课程文件中，"批判性 / 创造性学习"这一项通用能力被拆解为"调查—识别、探索和组织信息及想法""归纳想法、可能性和行为"等四个方面的能力，而其中的"调查—识别、探索和组织信息及想法"又被进一步拆解为"提出问题""识别和区分信息及想法""组织和处理信息"等六个方面的能力。表1呈现的就是"组织和处理信息"这一能力是如何系统化落实在各学段的教学实践中的。

表1　澳大利亚关于"批判性/创造性学习能力"的系统解决方案
——以"组织和处理信息"能力为例（摘录）

水平1	水平2	……	水平6
在初级学段结束时，学生通常能：	在两年级结束时，学生通常能：	……	在10年级结束时，学生通常能：
从给定的信息源中收集相似的信息叙述 示例： ·收集某一特定行为的多种表现	从多个信息源中，依据相似或相关的想法，组织信息 示例： ·从多个来源找出善意行为的例子	…… ……	批评性地分析来自独立渠道的信息，判断其偏见度与可信度 示例： ·评判来自已知和未知渠道的数据
英文ACELA1430 科学ACSSU005 历史ACHHS019	英文ACELA1469 数学ACMMG037 科学ACISIS040 历史ACHHK050	……	英文ACELT1639 数学ACMSP253 科学ACSIS199 历史ACCHS189

资料来源：General capabilities in the Australian curriculum.

表1中的第一行，代表的是各学段及所预期的学生能力水平，第二行展示的是"组织和处理信息"能力在各学段的体现和具体示例，第三横行展示的是这些能力在英文、数学、科学、历史等各学科课程标准中所对应的标准代码。由此可以看出，学生的"批判性/创造性学习能力"会在各个学段的多个学科课程中得到逐渐深入培养和发展，形成一套完整的系统化解决方案。

与此相似，美国在公布了其全美《共同核心州立标准》和《K-12年级科学教育框架：实践、跨学科概念和核心概念》（A Framework for K-12

Science Education: Practices, Crosscutting Concepts, and Core Ideas）之后，21世纪学习联盟（Partnership for 21st Century Skills，简称P21，2011）和美国国家研究理事会（National Research Council，简称NRC，2012）先后发布研究报告，分析和论述了21世纪技能框架是怎样融入这两份课程标准中，以帮助教育从业者及社会各界人士更好地理解21世纪技能与新课程的关系的。此外，P21（2007）在提出21世纪技能框架时，还明确提出须通过标准和评价、课程和教学、专业发展以及学习环境等指向同一学习目标——21世纪技能（学习和创新技能，生活和职业技能，信息、媒体和技术技能），从而开展和落实指向21世纪技能的教育实践（见图1）。

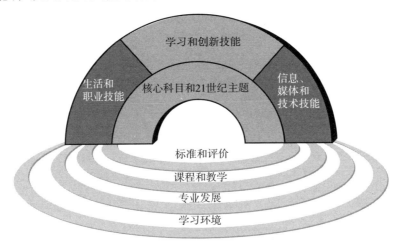

图1　美国P21提出的系统化解决方案

资料来源：译自 Framework for 21st Century Learning.

与澳大利亚和美国相似，已提出完整素养框架的经济体都在尝试通过将核心素养融入各学段的各学科课程，从整体上给出K-12教育的解决方案，以尽可能地将发展学生的核心素养这一育人目标通过复杂的教育系统落实在学生身上。这正如NRC（2006）在《州科学教学评价体系》（System for State Science Assessment）报告中提到的，一个有效的基于标准的科学教学评价体系应具备三个维度的连贯一致性：（1）水平一致性，即课程、教学和评价等都要向课程标准看齐，都指向相同的学习目标，共同支持学生的发展；（2）垂直一致性，即教育系统内的各个层级——班级、学校、学区、省 / 州——享有共同的教育目标、评价目的和方法；（3）发展的连贯性，即必须考虑学生从进入幼儿园直至高中毕业，其各项素养是如何发展的，以及学生在各学段应分别获取哪些素养。

案例及启示 2：落实核心素养需要基于真实情境

基于对 5 个国际组织和 24 个经济体素养框架的分析，《面向未来：21世纪核心素养教育的全球经验》的研究报告共提取出 18 项核心素养，其中既包括语言素养、数学素养、科技素养、人文与社会素养、艺术素养、运动与健康素养等领域的素养，也包括批判性思维、创造性与问题解决、学会学习与终身学习等通用素养（师曼等，2016）。目前已有的案例显示，在这两类素养教育的实践过程中，虽然各自所依赖的学科领域会有所不同，但都强调要基于真实情境。

（一）在真实情境中培养特定的领域素养

南非教育部（基础教育）在其最近的一轮课程改革中，颁布了《数学素养课程与评价政策声明》（Curriculum and Assessment Policy Statement, Mathematical Literacy，简称 CAPS-ML）。作为教育部正式颁布的面向全国的数学课程文件，CAPS-ML 最为显著的特点是，提出要以实际生活为背景展开对最基本的数学知识的学习，通过紧密融合数学知识、生活情境和问题解决能力，提高学生的数学素养。例如，CAPS-ML 中给出了一个具体实例（见表 2）。

表 2　南非《数学素养课程与评价政策声明（简称 CAPS－ML）》中的一个实例

诺基亚E63（手机本身免费） 100元/月的套餐 须连续使用24个月，包括： ·每月任意时段100分钟通话	诺基亚E2730（手机本身免费） 50元/月的套餐 须连续使用24个月，包括： ·每月50分钟漫游通话时间、25条短信

手机特性： ·诺基亚手机邮件 ·MP3播放，3.5mm耳机插口 ·2MP摄像头	手机特性： ·MP3播放，3.5mm耳机插口 ·2MP摄像头 ·高速浏览器及下载体验

资料来源：Curriculum and Assessment Policy Statement, Mathematical Literacy.

表 2 显示，学生会面对一则来自真实生活情境的手机广告，需要根据个人手机使用频率、通话时长等，运用相应的数学素养从两份套餐中计算出最为经济实惠的一款。通过这一情境的学习，可以让学生体验和发展依据数学计算作出个人决策的过程及能力。此外，在面对这一情境进行个人决策时，还会包含其他一些非数学因素的考虑，例如手机外观、手机性能等，而这些因素的考虑会涉及与同辈人交流、社会和文化价值等社会科学方面相关领域的学习。这有助于学生理解和认识到具有数学素养的人在面对类似情境时，可依据对经济价值的计算及其他非数学因素的综合考虑，作出更为明智的个人决策。

（二）在真实情境中开展跨学科学习

教育的首要目标不仅是为了让学生在学校中表现出色，而是为了帮助他们在走出校园后可以生活得更好，即培养学生形成伴随其一生的能力，这是提出 21 世纪核心素养的根本所在。这些素养的形成，需要学生在真实生活情境中学习并运用相关的知识、技能，而不仅仅是聚焦于单一的某个学科主题内容中（Iowa Department of Education，2010）。这说明，在课程内容选取和设计时，既要有某一学科的视角，又要积累跨学科的经验，即需要开展有效的跨学科内容主题的学习。因此，结合真实生活情境，尝试选取并构建跨学科的内容主题进行课程设计，已逐渐成为各经济体普遍采纳的实践方式，而开展基于项目的学习 / 基于问题的学习（Project Based Learning / Problem Based Learning，二者可合写为 PBLs）则是这一方式中最受全球关注的跨学科学习策略。

在自然科学教育中，备受关注的 STEM（科学、技术、工程与数学）

或 STEAM（科学、技术、工程、艺术与数学）尤其适合运用 PBLs。在基于项目的 STEM 学习中，学生要经常进行聚焦于现实世界中真实问题的跨学科探究活动。研究表明，将数学与科学结合进行教学可能会带来学校成绩的提高，使学生对所学科目更加感兴趣，而参与 STEM 项目学习的经历可以帮助他们更好地理解身边的世界。（转引自卡普拉罗、摩根，2016）

例如，图 2 显示的是由科学、数学、社会科以及语言教师通过合作备课，共同设计的以火箭为主题的 STEM 项目学习。学生将以小组合作方式，在"火箭"这一跨学科真实情境下，发展和达成数学、科学、社会科以及语言艺术等各学科课程标准的要求。在项目学习结束时，学生通过自己的手工制作向同伴和教师展示所学到的东西。

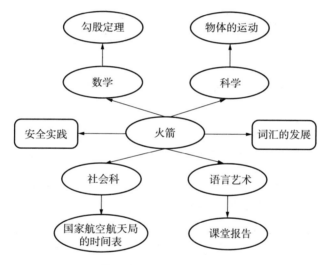

图 2　以火箭为主题的 STEM 项目学习示意图

资料来源：改编自《基于项目的 STEM 学习：一种整合科学、技术、工程和数学的学习方式》。

在社会科学领域，PBLs 也有助于学生在真实生活情境中获取跨学科的学习体验和理解。例如，在高中分别开设"国内经济"和"商业入门"选修课的两名教师，连同一位科学教师一起，共同开发出一个联合授课项目（如表 3 所示），为学生提供了跨学科学习的机会，发展其财商、创业及科学类的相关素养。

表 3　社会科学领域中基于 PBLs 的跨学科案例（摘录）

　　两位在高中开设选修课的教师，一位主讲"国内经济"，另一位主讲"商业入门"。他们共同开发出一个联合授课项目，让学生经营一个售卖烘焙食物和三明治的学生商店。学生轮流执行经理、销售、会计、发货和维修等任务；在商业入门课上，学生用这些经费和资金规划菜谱、购买原料和生产要销售的食物。学生返回国内经济课堂时，就应用不同的学习技能来数钱、存钱、完成员工的工作时间表、挣"工资"和对利润进行分红。学生把存货卖给教师，并对额外的送货服务收取额外的费用。菜谱内容的增加由销售情况决定，而基于数据的决策则作为"国内经济"和"商业入门"两门课的结果。

　　教师每个月腾出几天时间来开展连续性"分段"授课，以便让学生以小组的形式进行学习活动。当进入学期中后期时，在演讲课堂上让学生参与关于薪水和关联风格方面的公仲裁和辩论。科学课教师则用这个机会收集不新鲜的鸡肉沙拉的细菌样本。

资料来源:《基于项目的 STEM 学习：一种整合科学、技术、工程和数学的学习方式》。

　　研究表明，跨学科学习可以帮助学生建立高阶思维技能，也可以帮助学生在不同学科领域之间形成有意义的联系（转引自卡普拉罗、摩根，2016）。在 STEM 等跨学科主题的学习过程中，学生需要在真实情境中运用科学推理、批判性思考和信息分析等能力，创造性地解决实际生活中的问题或制作出相应的项目产品，其创新素养也会得到相应的发展（Feldon, Hurst, Rates, & Elliott, 2013）。各国际组织和经济体的实践案例及相关研究似乎都表明，批判性思维、创造性与问题解决、学会学习与终身学习等通用素养，离不开各学科领域的相关知识和能力作为基础，但同时也需要通过基于真实情境的跨学科主题学习予以提升和发展。

（三）选用真实情境考查核心素养

　　当指向 21 世纪素养的教育强调真实情境对帮助学生发展核心素养的重要作用时，为保持课程、教学与评价三者间水平的一致性，尽可能地选用真实情境对这些素养进行测评就成为必然。例如，OECD 的 PISA 计划就在测试时尽量选用真实情境命制题目考查学生相应的能力，表 4 呈现的是一道对科学素养的测试题。

表 4　PISA 科学试题（摘录）

阅读下文并回答问题。

温室效应：事实还是幻想？

　　生物需要能量才能生存，而维持地球生命的能量来自太阳。太阳非常炽热，将能量辐射到天空中，但只有一小部分能量会达到地球……*

　　报纸杂志上常说，二氧化碳排放量增加，是 20 世纪气温上升的主要原因。

　　一位名为小德的学生有兴趣研究地球大气层的平均温度和地球上二氧化碳排放量之间的关系。他在图书馆找到下面两幅曲线图。

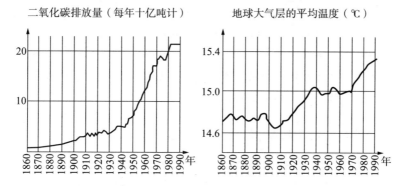

　　小德从曲线图中得出结论，认为地球大气层平均温度的上升，显然是由二氧化碳排放增加而引起的。

　　（1）曲线图中有什么资料支持小德的结论？

　　（2）小德的同学小妮不同意他的结论。她比较两幅曲线图，指出其中有些资料并不符合小德的结论。请从曲线图中举出一项不符合小德结论的资料，并解释答案。

*PISA 测试中此题的主干部分给出了关于"温室效应"的背景资料供学生阅读，此处受限于字数，略去。表格中的内容摘录《PISA 测评的理论和实践》。

　　近年来，PISA 还逐步加入了基于真实情境的跨学科通用素养测试。例如，2015 年公开的试测样题中就包括对合作式问题解决（Collaborative Problem Solving，简称 CPS）能力的测试（OECD，2015）。图 3 呈现的就是 PISA 2015 框架中对"合作式问题解决能力"的测试题情境和计算机作答界面。

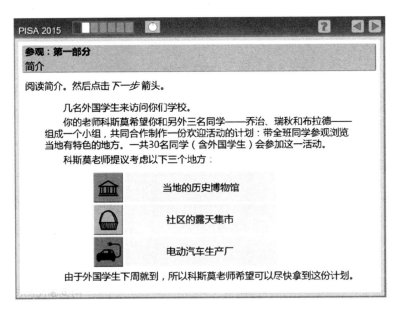

图3　PISA 2015 年公布的对"合作式问题解决能力"的试测样题

资料来源：PISA 2015 Released Field Cognitive Items.

　　这是一道基于计算机模拟界面的测试题，学生在阅读每个环节的简介后点击下一步按钮，就会出现模拟对话界面。例如，在点击图3右上角的下一步箭头后，首先会出现乔治的提问界面"我们从哪儿开始讨论？"以及可以选择的四个回应——"A）让我们问问科斯莫老师该怎么办；B）我们已经有了3个选择，让我们来投票决定吧；C）也许我们应该先花点儿时间想一想，一会儿再回来思考这个问题；D）我们来讨论一下什么（要素）是一次好的参观活动所必需的？"——当学生选择了D选项时，表明其可能具备了"识别并描述出所要完成的任务"的能力。计算机会根据学生的不同选择，调用预先设定好的乔治、瑞秋和布拉德等角色的多种潜在可能的反应或提供不同程度的帮助，以保证每位参加测试学生都可以完成整个参观计划的制订。此外，在谈及相关话题时，界面还会呈现出题干中提及的三个地方的相关信息（如开放时间、距离学校的远近等）。最终，计算机通过学生在各个环节的反应，基于预设的评分标准，对学生"合作式问题解决能力"进行评分。

案例及启示 3：落实核心素养需要多样化测评

已有的实践案例显示，指向 21 世纪素养的教育需要多样化测评，从多种途径以不同方式收集学生素养发展的情况，进而为开展 21 世纪素养教学提供反馈、建议与引导。

（一）发挥形成性评价对反馈和促进核心素养教育的重要价值

形成性评价在及时、全面地了解与诊断学生 21 世纪素养的发展状态，进而为教学提供反馈与建议方面具有十分重要的作用。此外，一些重要的 21 世纪素养，也很难仅通过标准化纸笔测验进行评价。

法国就尝试通过建立学生成长档案，对其表现进行及时、持续、完整的记录，为教学提供反馈，按需调整教学以促进素养的形成。2008 年，法国首次在小学阶段给每名学生配备一份"个人能力手册"，对其从基础教育阶段的表现进行完整的记录，同时对评价的分类、方法和评分标准等都给出了详细的规定。对于每个学生来说，能力手册证明了他们对国家所规定的 21 世纪素养的掌握程度。能力手册考查的内容为：第一阶段（小学二年级），只考查法语、数学、社会及公民素养；第二阶段（小学五年级），七大素养全部考查；第三阶段（小学六年级到初中毕业）的能力手册是在整个初中阶段逐步填写完成的，所有教师都会参加学生在这七大素养上的考核。能力手册的使用让教师得以跟踪学生的进步，同时还兼具与家长进行交流沟通的作用，定期向家长通知学生的状况，以随时了解学生的进步。如果某个学生有困难，教师团队会给他提供相应的帮助，例如改变教学方法、补充教学活动，或由某个特定的教师来负责。毕业时，手册会交由法定监护人保管。（ Ministry of Education, France，2011 ）

与此相似的是，在保加利亚，自 2009 年以来，在小学和中学教育阶段，每到年底班主任都会完善学生的个人资料，以评估他们参与的课外活动（ 如项目、会议、竞赛等 ）。而在完成小学和初中后，这些全面的个人档

案则是学校毕业证书中不可分割的一部分。（EACEA，2012）

（二）在国家或地区的统一考试中，融入对 21 世纪素养的教育监测

除形成性评价外，致力于培养公民 21 世纪素养而展开相应教育变革的经济体，也须了解其毕业生在完成各学段学业时是否达成了相应的素养要求。因而，开展面向全体学生、指向 21 世纪素养的国家或地区层面的统一考试，也成为 21 世纪素养教育实践过程中的重要环节。

新西兰就将对 21 世纪素养的监测融入其每年一次的学生学业成就国家监测研究中。它对核心素养的监测并非独立于各学科领域之外，而是将其融入现有各学科的不同类型的题目中，针对不同素养在各学科中的具体表现给出明确的操作性定义，从而实现对核心素养的年度测评，并随当年度的学科测评结果一同公布。（Educational Assessment Research Unit，2014）

澳大利亚在发布《墨尔本宣言》后，也致力于通过国家考试项目探查特定学段的学生在读写、计算能力、信息交流技术等方面的通用能力。这主要包括两大测试项目：一是国家读写与计算能力评估项目（The National Assessment Program-Literacy and Numeracy，简称 NAPLAN），自 2008 年起对三、五、七、九年级学生读写和计算能力展开测评；二是针对六和十年级开展的信息交流技术素养（ICT literacy）测验。（ACARA，2008，2015）

（三）行业资格证书：与职业密切相关的技能

许多 21 世纪素养都与相应的职业和行业技能紧密关联，通过行业资格证书评价与职业密切相关的技能，亦是评价 21 世纪素养教育成就的重要途径之一。例如，针对数字能力的标准化评估工具在欧洲得到了较为普遍的运用。欧洲计算机执照（European Computer Driving Licence，简称 ECDL）在大约一半的欧洲国家得到了定期或不定期的使用。而要获得这些证书，须掌握七大类计算机操作技能或素养。此外，还有一些国家会颁发关于信息交流素养（ICT）的多个级别证书，所测查的素养与 ECDL 非常相似。此外，比利时（法国社区）提供初级和中级教育的非强制性 ICT 证书。而德国、立陶宛、罗马尼亚和英国也提供受认可资格的 ICT 技能证书。

（EACEA，2011）

案例及启示 4：落实核心素养需要政府引导和社会参与

由于教育的复杂性，在推进和落实 21 世纪核心素养教育的过程中，需要各级政府相关部门、研究机构与组织、社区和社会机构等多方面协调合作，提供支持和服务。许多经济体和国际组织都在思考并尝试通过多种途径在教育系统的不同层面构建 21 世纪核心素养教育的支持体系。

（一）政府的政策引导

政府的支持引导是众多支持途径中最有力度的方式之一。一些经济体都由政府相关部门发布文件，借助政策推动并指引面向 21 世纪核心素养的教育实践。

俄罗斯于 2007 年通过联邦第 309 号法令《关于在俄罗斯联邦法律中贯彻国家教育标准的概念和结构部分的改变》，确定必须在所有的教育水平以各种形式发展学生的核心素养，由此推动基础教育和高等教育标准的修订都以核心素养为基础。例如，2010 年俄罗斯联邦教育与科学部指定的《国家基础普通教育标准》从三个方面规定了对学生在基础教育阶段学习成果的要求：个性修养，例如自我认识与规划、学习动机、社会交往、国家认同等情意方面的发展；通用的学习能力，例如掌握跨学科知识和一般学习的能力、应用跨学科知识进行问题解决、合作学习等方面的能力；学科学习成果，例如各学科的知识与技能、学科学习的活动、方法、思维模式以及应用等。

西班牙在其《教育组织法 2/2006》（Ley Orgánica de Educación, LOE）中指出，课程应看作由目标、基本素养、学习内容、教学方法和评价标准等组成，这是在教育法规中首次使用基本素养一词。LOE 要求全国义务教育开设基于基本素养的共同核心课程，并出台相应的规范对八种基本素养给出定义，描述各个领域或学科如何支持基本素养的发展。同时，制定了落实母语阅读、外语、科学、数字素养、创新与创业精神教育的具体措施。

基本素养是义务教育阶段最重要的学习目标，在义务教育结束时都必须掌握。（EACEA，2012）

（二）引导社会资源参与

在教育系统外，充分发挥研究机构、民间组织、社会资源的力量和作用，有效地调动社会各界力量的积极性与创造性，为教育服务，共同推动21世纪核心素养的落实。例如，英国在实施21世纪核心素养时十分注重寻求行业雇主对教育的支持和意见。英国实施核心素养的政策框架涉及三个主要角色：个人、雇主和国家。其中，雇主角色对核心素养框架的提出、形成和评价具有重要作用。（Department for Education and Skills，2003）

与美国 P21 结构类似，加拿大的 C21 Canada（Canadians for 21st Century Learning & Innovation）组织也参与了加拿大核心技能框架的设计，并于 2012 年推出一个完整的 21 世纪素养框架。此外，在推进落实核心素养时，加拿大还积极寻求家长和社区参与到这一过程中，因为社区参与能够给学生的校内和校外学习提供真实学习的机会，以便能够在真实的环境中习得和巩固核心素养。（C21 Canada，2012）

此外，许多博物馆、科技馆、科研单位、基金会等也在面向 21 世纪素养的教育实践中发挥着越来越重要的作用。例如，美国匹兹堡儿童博物馆与卡内基梅隆大学娱乐技术中心（ETC）、匹兹堡大学校外环境学习中心（UPCLOSE）合作，在博物馆中创建了约 167 平方米的"创作工坊"（MakeShop）空间，提供了有利于孩子和家庭的丰富的非正式学习环境，以确保孩子们能用"真材实料"，如材料、工具、工序及理念，参与到真实的制作过程中。这一创作工坊为儿童提供想象、发展及设计创作体验，同时通过家庭参与模式加强家庭成员间的关系，从而最终培养和发展儿童的多方面素养。（转引自卡普拉罗、摩根，2016）

在引导社会资源积极参与核心教育实践的过程中，须特别注重引导社会力量对教师的支持。在教师培养中，除教育部门主持的教师培训项目外，还可通过引导社会力量服务于教师专业化发展。比如，高新技术企业在教师培训中发挥着越来越重要的作用。英特尔教育项目（Intel Teach

Program）是信息技术教育领域颇具规模和影响力的项目，旨在帮助全球 K-12 教师将技术有效地整合到教学中并开展以学生为中心的教学，促进学生学习以及培养他们在数字时代获得成功的重要技能。已有来自 70 个国家的 1500 万名教师参与这一项目的学习（Intel, 2015）。再如，伴随着互联网技术的发展，教师也会有越来越多的机会接触与核心素养教育相关的教师教育类课程资源，如基于大型开放式网络课程（Massive Open Online Courses，缩写为 MOOC）的 Coursera（https://www.coursera.org/learn/atc21s）平台，就提供了墨尔本大学的一门"面向 21 世纪技能的评估与教学"（Assessment and Teaching of 21st Century Skills）教师教育类课程。

（刘晟单位系北京师范大学生命科学学院、北京师范大学中国教育创新研究院；魏锐单位系北京师范大学化学学院、北京师范大学中国教育创新研究院；周平艳单位系北京师范大学中国基础教育质量监测协同创新中心；师曼单位系北京师范大学外国语言文学学院、北京师范大学中国教育创新研究院；刘坚单位系北京师范大学中国基础教育质量监测协同创新中心、北京师范大学中国教育创新研究院。刘坚为本文通讯作者）

（文章原刊于《人民教育》2016 年第 20 期）

新加坡 21 世纪素养教育的学校实践

师　曼　周平艳　陈有义　刘　晟　魏　锐　刘　坚

　　为应对知识经济、全球化、人口变化与技术进步带来的挑战，新加坡政府于 1997 年提出了建设"思考型学校与学习型民族"的愿景，并提出了"四个理想的教育成果"目标。据此，新加坡教育部于 2010 年提出了"21世纪素养框架"（见图 1）。该框架由内到外共包含三层，核心价值处于框架图的中心，包括尊重、诚信、关爱、抗逆、和谐、负责，是素养框架中的核心与决定性因素；第二层是社交及情商能力，包括自我意识、自我管理、自我决策、社会意识和人际关系管理等，是个体认识与管理自己的情绪、关爱他人、承担责任、建立积极的人际关系以及有效处理挑战的必备能力；第三层是 21 世纪素养，包括公民素养、全球意识、跨文化素养，批判性与创新性思维以及交流、合作与信息素养。其中，公民素养、全球意识、跨文化素养包括：积极的社区生活、国家与文化认同、全球意识、社会文化敏感与意识；批判性与创新性思维包括：合理的推理与决策、反思性思维、好奇心与创造力、应对复杂与模糊问题的能力；交流、合作与信息素养包括：开放的心态、信息处理能力、负责任使用信息、有效交流。

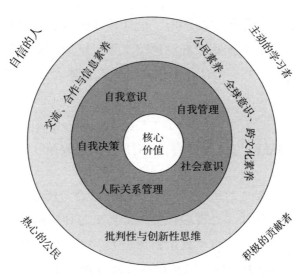

图 1　新加坡 21 世纪素养与学生学习成果框架

新加坡 21 世纪素养框架的特色是以核心价值观为核心，同时将"四个理想的教育成果"与语言、数学、科学、人文、体育、艺术与音乐、品格与公民教育（CCE）、课外辅助课程（CCAs）、校本项目等课程连接起来，为上层教育目标在各类课程实践中的落实搭建了桥梁（见图 2）。

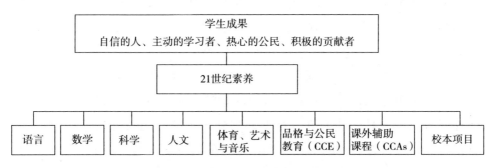

图 2　新加坡 21 世纪素养教育的落实

资料来源：MOE Singapore.(2015). Singapore's Curriculum Reform for Developing 21st Century Competencies. 18th OECD/Japan Seminar.

随着对 21 世纪核心素养研究的不断深入，各国纷纷开展 21 世纪素养教育的实践。这些实践呈现出一些共同点，如：将 21 世纪核心素养融入各类课程、选取基于真实生活情境的跨学科内容主题、开发相应课程资源、以学生为中心、促进学生主动学习、设计并开展基于问题或基于项目的学习、强调形成性评价并推动教育测评改革等。新加坡也不例外。同时，由于秉承"以学生为中心，价值观为核心"的教育理念，新加坡的 21 世纪素养教育又呈现出独特之处。

价值观教育引领品格与公民教育（CCE）课程改革

新加坡政府颁布的 21 世纪素养框架以价值观为核心，这是由于新加坡文化、民族、宗教信仰和语言多样性，容易引起种族间的文化认同危机及冲突。于是，新加坡政府将"我是新加坡人"的民族精神和国家意识作为核心价值观教育的首要目标，以实现新加坡的多样统一。

在这种教育价值取向的引领下，新加坡启动了新一轮教育课程改革，此次改革以品格与公民教育（Character and Citizen Education，简称 CCE）课程为代表。该课程改革的推进主要包含三个方面[①]：第一，重构课程内容。根据 21 世纪核心素养确定品德与公民教育课程的核心观念，使课程的核心观念与核心价值观意义对应。例如，根据 21 世纪核心素养体系，确定品格与公民教育课程的三大核心观念，即身份认同、关系和选择，这三个观念分别对应新加坡核心价值观的某一个或某几个成分。第二，实施"德育在行动计划"。（1）优化品格与公民教育课程结构，配套设置各年级教师辅导课程、校本课程及单元课程，各类课程之间以价值观为基础协调建设。（2）课程资源多元化，更新教师所用的教学资源、教材和其他材料，保持课程资源的时效性，让家庭、社群参与到学校的品德与公民教育中。（3）重视关键问题在教学中的引导作用，积极的讨论也有利于培养学生主动思考的习惯，通过对生活实践的反思，最终形成不同生活经历所需的价值观、态度等。（4）以学生为中心的教学策略，强调学生理解学习的原因，重视学生在现实情境中应用所学知识，强化教师的课程设计和辅导技能，培

---

① 左璜、陈甜甜、郑海燕：《核心价值观引领的新加坡品德课程改革最新进展及其启示》，《中小学德育》，2016 年第 7 期。

养学生的自我学习能力，强调教师少教一些，学生多学一些。第三，课程评估多元化。品格与公民教育的评估方式包括学生自我评估、同伴评估和教师评估。学生自我评估以提高学生的自我反思能力和独立自主的意识为目的；同伴评估让学生学会给予他人反馈，学会考虑他人感受；教师评估多以集体合作与讨论方式进行，为学生提供更全面的反馈。此外，新加坡还于2012年调整"教育储蓄奖学金"制度，加大对那些以实际行动展示优良价值观、品格和社会责任感的学生的奖励力度，同时加大对学生非学术领域成就的奖励力度，如领导能力、课外辅助课程中取得的成就、参与学校和社区服务取得的成就等，如在学校增设品德奖（Edusave Character Award），以奖励具有责任感、诚信和韧性等良好品行的学生；将教育储蓄"成就、良好领导和服务奖"奖励人数增加一倍，提高奖金额度等。[①]

2014年，中小学引入新的品格与公民教育课程，强调与现实结合，并增加具体操作案例，重视融入学生的日常生活经验。新加坡的一些学校采用多种教学策略，如讲故事、角色扮演、从实践经验中学习、课堂讨论和真实情境问题解决等对学生进行价值观教育。有的学校与星巴克合作，让学生用使用过的咖啡豆作为肥料在花园种植农作物，帮助他们了解农民的辛勤劳动，进行社会情感能力教育。有的学校开展"体验残疾人生活"的活动，培养学生的同情心并鼓励他们采取行动帮助残疾人。新加坡教育部认为，体育、艺术、音乐等课程可以增强学生体格，增加他们的创造力和表达能力，塑造他们的个人文化修养，增强国家认同感。因此，教育部增加了中小学生体育课程实践，通过健身、增加知识与技能、改变态度等方式，促使学生追求积极、健康的生活方式。有的学校开设了户外教育课程，学生通过团队建设、攀岩等活动树立了自信心和自律精神。还有的学校开发了在线网络，与家长委员会合作开展体育活动，增加家长参与，增强亲

① Heng, S. K. (2012). Student-centric, Values-driven Education: Nurturing an Inclusive and Stronger Singapore. MOE FY 2012 Committee of Supply Debate 1st Reply by Minister for Education Mr Heng Swee Keat. Retrieved from: http://www.straitstimes.com/sites/straitstimes.com/files/mar8-HengSweeKeat.pdf.

子关系。[①]

基于问题和项目的学习方式变革

新加坡教育部提出将 21 世纪素养全面融入国家课程，要求在各类课程中显性地教授这些素养，强调为学生的学习创设有意义的情境，形象化再现问题，强调培养学生主动学习和探究的能力等，强调发展学生的"思维能力"。例如，修订后的课程大纲与教材融合了"思维能力"，并引入项目式学习。通过课堂学习，学生将学会如何学习，掌握元认知和思考的技巧，学会在团队中共同协作，探索与创造新的知识，应对模糊的环境以及无法预测的问题，实现创新。数学课程尤其关注问题解决的教与学，引导学生在现实情境中运用数学模型与数学思维模式；人文学科课程则加强培养学生的探究思维，要求学生提供证据，论证自己的观点。[②]

基于问题的学习方式在新加坡得到推广。新加坡博文中学的教师通过基于问题的学习与教学方法讲授环境问题，如全球变暖、能源消耗与环境污染。教师让学生辨别事实，构建可能的想法，识别可能的学习问题和行为计划以便解决问题，学生通过非同步的在线学习入口向同学呈现自己的观点并相互讨论。该方法强调批判性思维与探索过程的重要性，教师鼓励学生提出问题，提供可能的解释，并反思问题和概念。

在低年级，以问题解决为基础的教学以跨学科的方式进行，英语、数学、科学、社会学习、母语学习、ICT、国民教育、服务学习等课程被整合为一个整体。跨学科教学需要将教师重新分组，来自不同但相关学科的教师，共同负责规划并实施课程。学校需要制定新的时间表，以实现课程、课堂教学和学习实践的创新；学校为教师提供合理的时间保障，让他们准备教学主题。同时，课堂教学的创新还需要重新配置教室内的物理布局和

---

① 程晴晴、滕志妍:《新加坡新品格与公民教育述评》,《外国教育研究》, 2014 年第 4 期。

② Ridzuan, A. R. (2013). Pedagogy for Thinking and Creativity: The Singapore Context. Presentation at OECD-CCE-MOE "Educating for Innovation" Workshop. Retrieved from : https://www.oecd.org/edu/ceri/04%20Ridzuan_Singapore.pdf.

空间使用，教室内可移动的座椅、家具，能够灵活实现教师的班级教学、小组讨论或者辅导个别学生等需求。例如，将教师的讲桌从具有主导位置的讲台移开，更能体现以学生为中心的学习方式；配置计算机的可移动课桌，更方便小组或个体学生在网络中学习。上述类型的教室配置，在新加坡主要用于学生数学和科学的教学与学习。[①]

21 世纪素养最适宜与课外辅助课程（CCA）相融合

新加坡的课外辅助课程（Co-Curricular Activities，简称 CCA）于 1998 年开始实施，并于 2000 年得以系统、可量化以及可操作地纳入中学教育，成为其重要组成部分。该课程由四大部分组成：体育活动、制服团体（童子军类社团）、表演艺术团体与协会和社团等。课外辅助课程被纳入初级学院（高中）及理工学院升学的"入学扣分优待"政策，那些表现良好的学生，在进入初级学院和理工学院时，可获得 1 至 2 分或最多 4 分的入学扣分优待。课外辅助课程分成"核心"与"任选"两大类别，只有属于"核心"的项目得分才可换算成"入学扣分优待"，学生可以凭兴趣参加"任选"项目。学生在中学 4 年只需要从 60 个核心项目中任选一个参加即可，校方不可强制学生选择某个特定的项目。项目分数将在第四或第五年结束时计算，主要评估学生的领导才能、素质提升、活动参与和服务等方面。

21 世纪素养框架提出后，新加坡教育部更加重视 CCA，将其视为学校学习经验的核心组成部分。显而易见，CCA 的理念为发展 21 世纪素养提供了重要引领。

21 世纪素养最适宜与 CCA 相融合，因为它为学习的发生提供了真实平台；有意义、有趣味，可以帮助学生发现终身的兴趣爱好，为不同背景、不同民族的学生提供体验式学习机会；还可以发展学生的硬技能、软技能

[①] Dimmock, C., & Goh, J. W. P. (2011). Transformative Pedagogy, Leadership and School Organisation for the Twenty-first-century Knowledge-based Economy: The Case of Singapore. *School Leadership & Management*, 31(3), 215.

与价值观，培养学生的品格，发展他们的领导力。为了将 21 世纪素养与CCA 相融合，首先要创造学生喜爱的文化，例如回应以奖励为导向的社会文化，在 CCA 中创设反思文化，鼓励个人的优秀表现。其次，明确学校领导者、教师与其他利益相关者的角色——领导者负责构建 CCA 的共同理念，为每一门课程提供支持，并且为教师提供必要培训；教师则应在课程中对学生进行价值观教育，引领文化创设，确定每一门 CCA 的培养目标；同时，教育服务部门应与学校通力合作，探索融合 21 世纪素养的途径，在项目层面与学校合作，为学校提供更多的 CCA 活动案例等。

以初中阶段的表演艺术团体（舞蹈）课程为例。该课程目标设置为：采用以前课堂学过的创造性舞蹈动作或其他舞蹈形式，创作一个舞蹈，以描绘一个环境问题。具体活动包括：教师用视频、图片或报纸等展示一个环境问题；学生探讨这一问题；学生选择舞蹈主题；学生编排舞蹈动作以及舞蹈表演的结构；学生展示自己的舞蹈并评价他人的舞蹈。该课程很好地融合了 21 世纪素养：教师引导学生关注环境问题，体现了对学生全球意识的培养；学生采用创造性的舞蹈动作描绘环境问题，并对他人的舞蹈进行评价，则可以发展学生的批判性与创新性思维。①

尝试用跨学科项目学习（PW）方式测评素养

如何测评 21 世纪素养，是许多国家实施素养教育面临的挑战。

除了在各科目教学中大力推广形成性评价，新加坡还尝试采用跨学科项目学习（Project Work，简称 PW）评价学生的思维、交流与合作以及学习能力等素养。该项目旨在为学生提供整合不同领域知识的机会，并在真实情境中批判性、创造性地运用这些知识，让他们能够获得合作、交流以及独立思考的能力，为终身学习与应对未来作好准备。项目学习以基于问

---

① Chong-Mok, W. Y. (2010). Teaching and Learning of 21st Century Competencies in Schools. Retrieved from: https://www.nie.edu.sg/docs/default-source/te21_docs/epd-presentation-@-te21-summit_(final).pdf?sfvrsn=2.

题的学习与创造性解决问题为途径，涉及知识运用、合作、交流与独立学习等领域。实施项目学习的中小学享有设定项目任务的自由。

在新加坡，所有学生在大学入学前均须完成一个小组项目。各个科目可以使用表现任务培养并评价学生的批判性与创造性思维能力。学生在项目学习中取得的成绩将成为国内高校录取的标准。项目学习的具体做法为：教师将学生随机分组，学生自由选择项目学习话题，并围绕话题进行为期数周的准备，最终完成一份书面报告、一个口头展示以及一份小组项目档案。书面报告与口头展示旨在评价学生对核心学术内容的应用以及交流、合作与学习能力等21世纪素养；小组项目档案旨在评价学生的学习能力，反映学生进步的轨迹以及他们面临的挑战和取得的成功。由于项目学习还处于实施的初级阶段，因此尚无相关测评的技术信息。然而，新加坡教育部严格控制项目学习的测评要求、条件、标准与评分过程，并确保评价者之间的一致性。新加坡教育部还组织教师参加评价标准及有效评分的培训。此外，在项目学习中，教师采用形成性评价方法发现学生的学习困难，给予指导，然而教师并不能直接代替学生完成项目任务，以此促进学生自主学习能力的发展。[1]

此外，新加坡还积极推动国家级考试系统改革，以加强对学生思维能力的测评。这包括将不同层次的思维能力与不同科目的教学大纲相融合，增强对高中结业考试（O-level）与高校入学考试（A-level）的监控，采用多样化题型（即多项选择、结构化试题、开放式问题、基于资料的试题、文本问题、作业、口语及听力），以便更好地测评学生的思维能力。例如，在人文科目考试中增加基于资料的问题以及结构化论文试题；科学科目考试以测评学生理解性运用知识的能力、运用信息解决问题的能力以及实验技能与观察能力等。同时，科学科目考试还采用校本科学实践测试，以评价学生实验操作、观察、分析与计划的能力。

---

[1] Soland, J., Hamilton, L. S., Stecher, B.M. (2014). Measuring 21st Century Competencies: Guidance for Educators. A Global Cities Education Network Report. Retrieved from: http://asiasociety.org/files/gcen-measuring21cskills.pdf.

为教师教授 21 世纪素养提供必要支持

教师是 21 世纪素养教育的重要资源与直接实施者，要加强培养 21 世纪素养，必须提高教师教授 21 世纪素养的能力。

2012 年，新加坡教育部研发了教师成长模型（The Teacher Growth Model，简写为 TGM）（见图 3），并与 21 世纪素养框架对接，提出 21 世纪新加坡的教师应具备五种素养，即高度的职业道德感、综合能力出色的专业人才、善于合作的学习者、变革引领者以及社区建设者。教师成长模型是鼓励教师终身学习，促进他们专业成长与个人幸福的专业发展模型。应用这一模型，教师可以根据自己的专业需要与兴趣，灵活自主地规划学习，获得与发展学生 21 世纪素养直接相关的知识与技能。该模型为教师学习提供多种模式，包括基于信息技术的面对面学习课程、学术会议、教学指导与基于研究的教学实践、网络学习、反思实践以及体验式学习。教师可自由选择不同的学习模式与平台。

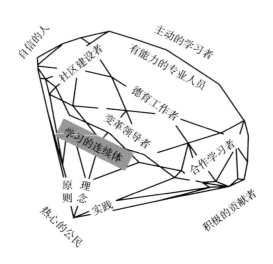

图 3　教师成长模型（TGM）

资料来源：编译自 MOE Singapore. (2012). The Fact Sheet of Teacher Growth Model.

为促进对 21 世纪素养的培养，新加坡教育部提高了教师专业标准。

2011 年成立的新加坡教师学院，建立了 300 多个学习中心，让教师的校内学习以及跨校相互学习成为可能，同时鼓励教师与家长相互学习。教育部进一步将自治权"下放"给教师，以提高教师的反思能力和自我掌控能力，从而获得更优质的学习效果，亦可为学生树立"自主型学习者"的典范形象。许多学校为教师建设以同侪指导和互助式学习为基础的校内社区（school-embeded teacher learning communities，简称 TLCs）。有研究表明，相较于以往的 1 ～ 2 天的短期工作坊，这种校内学习社区是发展教师形成性评价能力的最优机制。它可以缩短一般教师与经验丰富的教师之间的距离，便于交流；可以让教师持续就实施形成性评价过程中发生的状况等进行研讨；最终形成学习、实践、反思与修正的日常机制等。

21 世纪学习设计（21st Century Learning Design，简称 21CLD）是提高教师教授 21 世纪素养能力的另一种有效尝试，为教师提供了必要的教学方法支持。它从合作、真实世界问题解决与创新、知识建构、使用信息交流技术学习、有技巧的沟通以及自我管理六个方面，为教师提供与每个素养相关的评价准则、定义与示例。

新加坡的新月女子学校早在 2007 年就开始了针对 21 世纪素养培养的理论与实践探索。2011 年，该校在全校范围内开展了这一项目，以便在学习活动设计中融入素养教育。在为期 3 天的工作坊中，全校各年级、各科目教师通力合作，探索活动设计中有关 21 世纪素养的问题，包括：（1）合作方面：学生是否被要求与他人分担责任并作出实质性决策？他们的工作是否独立？（2）知识建构方面：学生是否被要求建构与运用知识？这些知识是否为跨学科知识？（3）真实世界问题解决与创新：学习活动是否要求学生解决真实世界的实际问题？学生的解决方案能否在现实中实施？（4）使用信息交流技术学习：学生是否是信息交流技术的被动消费者？他们是拥有真实观众的信息交流技术产品的主动使用者还是设计者？在 21 世纪学习设计项目中，教师须经过四个阶段的探索，即学习大概念（每个维度的主要建构）、运用评价准则评判不同质量的课堂教学、增加活动中学生的学习机会以及考虑教学策略的选择。

落实 21 世纪素养的其他教育计划

新加坡除了在课程、评价、教师发展等方面落实 21 世纪素养教育外，还推出了许多指向 21 世纪素养的教育计划。2015 年 10 月，新加坡政府正式启动"创新学习 2020"计划，目的是推动学习方式的变革。在连续 3 年内，"创新学习 2020"计划的总预算约为 2700 万美元。该计划将提高个人创新学习能力，同时鼓励成人教育和培训机构改善继续教育与培训领域的设计、开发和运行。这将改变当前传统课堂环境下的培训形式，以课外和工作场所为主的自主在线学习或混合式学习将成为主流。新加坡劳动发展局表示，到 2020 年，所有劳动力技能资格培训机构将通过混合式学习提供至少 75% 的认证资格。新加坡国会希望开发一种新的继续教育与培训领域的生态系统。"创新学习 2020"计划将从人、思维、协作、技术、智慧五个方面入手创建新的生态系统，通过学习创新和技术来促进继续教育与培训行业的转变。

为应对全球竞争和知识经济的挑战，新加坡教育部通过制定综合规划项目（Integrated Programme）促进个体 21 世纪核心素养的发展。实行综合规划项目的学校成为 IP 学校，这类学校根据项目需要重新定义现有的教育结构，重新设计教与学过程，重新塑造班级氛围。IP 旨在实现从教育的有效性向教育的多样性转变，从掌握内容到学习技能的转变，实现从获得知识到学会思考的转变，使学生成为领导者、创新者和未来的合格公民。IP 学校的课程革新涉及九个不同的维度：平台、目标、学生入学行为、评估工具和程序、教材、学习者的经验、教学策略、教学内容和时间。圣淘沙岛学校是新加坡一所较好的中学，多年来，该校的教学过程和教学成果都非常优秀。该校注重学生的全面发展，除学业成就外，还重视学生的人格成长和领导力的提高。圣淘沙岛学校认为，学生的培养应该根据他们的能力和热情区别对待，他们只在优秀的学生中开展综合项目，根据时间分为两类：一类是 6 年制项目，另一类是 4 年制项目。IP 课程分为三个水平：水平一为基础模块，水平二为兴趣驱动模块，水平三为独立的学习模块；6

年制项目包括所有三个水平，4 年制项目包括第一个水平，6 年制项目对学生的能力提高效果更为明显。[①]

从以上实践可以看出，新加坡政府正在有步骤地层层落实与推进 21 世纪素养教育。新加坡的学生在 2009 年与 2012 年的 PISA 测试中表现优异，尤其是在 2012 年的创造性问题解决方面获得最高分数。这表明，新加坡的 21 世纪素养教育实施卓有成效，新加坡政府提出的在 21 世纪素养中重点培养学生的"思维能力"这一主张取得了成功。

然而，与其他国家一样，新加坡的素养教育也面临一些挑战。例如，有学者指出，一些学校仍然过度强调学生的学业成绩而非全面发展；新加坡的 PISA 高分仍建立在传统的教学模式和关注基础学科知识内容之上；针对某些素养的测评工具仍有待开发；通过提升教师素养发展学生 21 世纪素养的有效方法也有待探索；等等。尽管如此，新加坡 21 世纪素养教育的实践经验仍然值得我们借鉴。

[本项目获得 2015 年度北京师范大学青年教师基金项目（310422102）资助。师曼单位系北京师范大学外国语言文学学院、北京师范大学中国教育创新研究院；周平艳单位系北京师范大学中国基础教育质量监测协同创新中心；陈有义单位系北京师范大学中国教育创新研究院；刘晟单位系北京师范大学生命科学学院、北京师范大学中国教育创新研究院；魏锐单位系北京师范大学化学学院、北京师范大学中国教育创新研究院；刘坚单位系北京师范大学中国基础教育质量监测协同创新中心、北京师范大学中国教育创新研究院。魏锐为本文通讯作者]

（文章原刊于《人民教育》2016 年第 20 期）

---

① Koh, E., Ponnusamy, L. D., Tan, L. S., Lee, S.-s., & Ramos, M. E. (2014). A Singapore Case Study of Curriculum Innovation in the Twenty-First Century: Demands, Tensions and Deliberations. *The Asia-Pacific Education Researcher*, 23(4), 851-860. doi: http://dx.doi.org/10.1007/s40299-014-0216-z.

核心素养落地的国际视角

杨德军　余发碧　王禹苏　郭玉婷　李　静

核心素养是关于"培养什么样的人"的探讨，是教育目标的具体化。[①] 明确的核心素养体系将会对整个教育起着引领和指导的作用，既规定教育的结果，又直接影响着教育的实施路径，而核心素养作为教育目标的具体化，如何落实关系到核心素养最终的产出效果。为此，国际上已有的成果和措施可以作为我们的重要参考。

核心素养提出后，如何落实成为所有国家和地区一直在探索的重要问题。我们从落实范围、落实层面及课程教学改革等方面进行分析。

核心素养的落实是社会的事还是教育的事？

虽然大家公认核心素养的培养不应只在学校，还应包括家庭、社会，然而大多数国家和地区只在教育领域落实。

但也有例外。如美国 21 世纪核心素养是由 P21 组织研制，该联盟是美国国家教育部联合美国在线时代华纳基金会、苹果、思科、戴尔、微软等大型企业公司以及国家教育协会组成，统整了教育界、商界、政界等多方

---

① 辛涛、姜宇、王烨辉：《基于学生核心素养的课程体系建构》，《北京师范大学学报（社会科学版）》，2014 年第 1 期。

面的资源。在落实核心素养时，也沿着企业、普通民众、学校教育三条路径同时进行。在企业，主要通过更新企业的人才遴选标准以及人力资源管理目标，推进 21 世纪核心素养的社会性应用。对于普通民众，主要是通过广播、杂志、视频等多种方式宣传 21 世纪核心素养，更新普通民众的人才观，从而为学校教育推进 21 世纪核心素养提供良好的社会环境。

当然，无论是哪个国家或地区，核心素养在学校教育中的落实都是最为重要的方面。在学校教育中，不同国家或地区落实的学段、学科范围也有一定的差异，可以将其分为三种[①]：（1）绝大部分国家或地区的落实范围是从小学到中学的整个教育系统，包括欧盟的大部分成员国，以及美国、日本、新加坡和我国的台湾地区等。（2）只在基础教育阶段或特定的通识课程中落实，包括法国、比利时（FR）、卢森堡。（3）只在特定阶段落实，如小学和低中年级中学或小学和高年级中学，包括英国、德国、爱尔兰、荷兰、葡萄牙、西班牙等。目前，还没有将核心素养较好地落实到从学前到高等教育整个教育体系的国家或地区。

从教育目标到教育质量评估等均有涉及

各国、各地区在研制出核心素养后，普遍对核心素养的落实极为重视，上至教育法，下至实际的课堂教学，评价均有涉及。

调整宏观教育目标以匹配核心素养。通过在国家层面调整教育目标以匹配核心素养的内容，从而引导教育各个环节均以核心素养为目标开展。

将核心素养与课程相融合。将核心素养融入国家课程标准、课程领域是各国或各地区普遍采用的方式，也是重点落实的层面。由于核心素养的综合性、跨领域性，各国、各地区在落实时普遍采用"跨学科"方式进行，也有的选择通过特定学科、单独学科或一组学科落实等。

比如，新加坡的"21 世纪核心素养"是在课程改革之后提出来的，为

[①] Hilary Grayson.（2014）. KeyCoNet's 2014 review of the literature: A Summary. from http: // keyconet.eun.org.

了将核心素养融入已有的课程体系，新加坡主要采取了以下策略。[①]

（1）开展具有综合实践活动性质的专题学习和跨课程活动。专题学习旨在为学生提供将各个领域获得的知识进行综合应用的机会，批判性、创造性地将知识运用于真实生活情境中。该项目可以帮助学生巩固知识，也可以帮助他们获得合作、交流、独立学习的技能。通过俱乐部和社团、体育运动、正式团体、视觉和表演艺术团体等形成，学生会与不同背景的同伴一起学习、玩耍、成长，这也会增进他们的友谊，促进社会融合，加深学生的归属感以及对学校、团体和国家的责任感。

（2）增设新的教学模块——社会情绪学习。社会情绪学习（Social and Emotional Learning，简称 SEL）指获得识别和管理情绪、关爱、作出负责任的决定、建立积极的关系、有效处理具有挑战性情境的能力，简单来讲就是管理自己、与他人积极联系和作出负责任决定的能力。SEL 在"品质及公民教育"课程中开展，与核心价值观一起构成新加坡 21 世纪素养的重要内容。

（3）课程整合——全人健康纲要。全人健康纲要（Holistic Health Framework，简称 HHF）可以帮助学校整合培养学生健康（包括身体、心理和社会适应等全方面的良好状态）的关键领域、方案和过程。学校通过提供相关、综合的正式和非正式课程，实现全人健康纲要。

与新加坡的模式不同，美国的核心素养先于课程改革，并对其产生了指导作用。早在 2002 年，美国就制定了《21 世纪技能框架》。2010 年，美国才颁布首部全国统一的课程标准——《共同核心州立标准》，以规定学生学业能力为主要内容，保证学生核心素养的形成。[②]它不是以学科内容为导向的课程标准。

基于核心素养的教育质量评估。核心素养研究起源于 OECD 的 DeSeCo 项目，该项目主要针对教育产出的相关学生素养一直没有统一的认

---

① 新加坡教育部：21st Century Competencies 9, 2015, http://www.moe.gov.sg/education/21cc/。
② 辛涛、姜宇、王烨辉：《基于学生核心素养的课程体系建构》,《北京师范大学学报（社会科学版）》, 2014 年第 1 期。

识这一问题而产生。随后，PISA 测试又使得核心素养这一概念及 DeSeCo 项目研究成果得以推广。而基于核心素养进行教育质量评估，必然会将核心素养研究推进到可操作层面，通过教育质量评估推动核心素养的落实几乎是每个国家或地区所采用的方式。

促进教师专业发展。教师是教育教学的实际实践者，为了确保核心素养教育真正落实到学生身上，必须保证教师能够理解核心素养，知道如何在实际的教育教学中落实核心素养。因此，基于核心素养的教师专业发展是核心素养落实的基本保障。

转变课堂教学评价方式。如美国、日本、欧盟部分国家都为教师提供了相关的课堂教学评价工具，用以评价学生或教师在课堂的核心素养获得或实施的情况。另外，美国还专门设立了"21 世纪学习典范项目"，通过搭建平台，将学校或地区渗透核心素养的教育教学的有效做法和经验在更大范围进行分享交流。

总结新加坡和美国在课程教学中落实核心素养的方式可以发现，在课程改革前以核心素养指导课程教学的一系列改革，能够保证核心素养落实的系统性、全面性。然而，这种方式的不足在于，作为一个较新的概念，人们对核心素养的接受和理解本就需要一定的时间，当教育系统内所有环节都围绕这个新概念而产生变革时，容易导致各环节出现手足无措甚至混乱的局面，因此非常需要提供专业工具及成功案例等给予支持。核心素养在课程改革之后并与之融通的方式，在落实的系统性、全面性上不如前种方式，而且各个环节已经相对成型，核心素养的融入也会遇到较多阻碍。然而，这是一个循序渐进的过程，人们会更容易接受，也更能保证工作的稳定性。

我国核心素养落实的路径及北京的初步探索

总结各国和各地区对核心素养的落实，根据我国实际，我们认为从核心素养落实的领域而言，核心素养的形成和发展是终身性的，不应只在基础教育阶段落实，必须落实到学生的整个成长阶段，在教育系统内须涵盖从学前教育到高等教育的所有阶段。另外，核心素养的情境性决定了核心素养的形成和发展不局限于学校教育，更应拓展到家庭和社会。

而课程不仅仅表现为课程标准，近年来关于课程的讨论已经慢慢打破了之前的禁锢，课程不再被简单地认定为教育周期里的学习计划和学习方案，有人认为课程是一种学习进程的总和，它以社会在"内容"上的对话为开始，最终又在学习成果和执行成果中得以体现。[①] 因此，在教育系统内，应系统、多层次落实核心素养，包括教育目标或法案、课程、教学、教育质量评价、基础设施建设等。

如何在课改现状中以核心素养体系为基础，真正推动学科中心向学生中心转变、学科育人向课程整体育人转变？基于以上思考，北京市提出了一些探索思路。

1. 在核心素养的整体框架下重构学科核心素养，整体推进课程改革。

学科素养需要在核心素养的整体框架下重新构建。首先，突出育人目标的达成，各学科均要以核心素养为具体目标，体现其核心性、普遍性、融合性和发展性，变追求知识体系完整的学科取向为以培育学生核心素养为目标的素养取向；其次，处理好学科素养与核心素养的关系，学科素养既要关注核心素养框架下的学科特长，重点梳理、建立本学科对核心素养具有"特别支撑"的学科主要素养，同时还要关注本学科支持核心素养培养的学科辅助素养。

例如，物理、化学学科对学生科学素养培养的"特别支撑"，但物理学科还要关注阅读、人文、合作等素养的培养，支持学科联系和学科外联系，形成横向联合、纵向衔接的学科素养层次结构。

2. 加强基于核心素养的区域、学校课程顶层设计与结构创新。

我们要进一步扩大学校课程建设自主权，着力推动国家、地方、校本三级课程整体优化和协调发展。学校课程的整体设计应以课程结构创新为突破口，优化课程结构，协调课程门类，提升课程品质，增强课程适应性，以综合实践活动为支撑点，推动学科、课程整合和校内外教育一体化。

---

① International Bureau of Education.（2015）. The Curriculum in Debates and in Educational Reforms to 2030. https://en.unesco.org/themes/education-21st-century.

在改革目标上，逐步实现课改边界的超越，努力实现由知识指向向核心素养指向的转变，关注学生生命的质量，关注育人文化、课程文化的建设。在构建路径上，逐步实现课程边界的超越，更加关注课程整体化学习，关注"创造与个性"式课程。

在教与学的方式上，逐步实现课堂边界的超越。结合线上线下教育，努力实现课堂的静态固定时空向动态生成时空转变，尝试走组、走班等教学形式，强化家校协同，突出课程的选择性、多元性和丰富性。在资源供给上，逐步实现资源边界的超越。树立教育服务资源观，丰富资源类型，扩大优质资源覆盖面，并结合实际，构建教育资源供给的统一战线，努力将校内外丰富的教育资源整合融入学生的学习生活。在评价体系上，逐步实现考试评价边界的超越。关注考试与课改的一体化，明确以考试招生评价制度改革服务课改。考试要关注学生的全面发展，建立学考一致的系统机制。

3. 提供多方面具体的工具支持。

核心素养的具体落实，会涉及地方教育决策者、政策制定者、实际教育实践者、教育评价者等，而他们并不一定完全理解核心素养，最终可能使核心素养的落实成为口号，或者简单地从学科出发，只关注学科素养，最终仍然以学科为中心。错误理解将导致错误落实。为此，一方面，可以从国家层面提供专业的、科学有效的核心素养落实工具，从地方到学校再到具体的课堂；另一方面，可以设立核心素养落实交流平台，收集学校中优秀的核心素养案例，供全国的学校、教师参考使用。

（作者单位系北京教育科学研究院基础教育课程教材发展研究中心）

（文章原刊于《人民教育》2017 年第 3-4 期）

图书在版编目（CIP）数据

核心素养的中国实践 / 施久铭编 . —上海：华东师范大学出版社，2019
（《人民教育》精品文丛）
ISBN 978 - 7 - 5675 - 8679 - 6

Ⅰ . ①核 … Ⅱ . ①施 … Ⅲ . ①学校教育—素质教育—研究—中国 Ⅳ . ① G40–012

中国版本图书馆 CIP 数据核字（2019）第 015697 号

大夏书系·《人民教育》精品文丛

核心素养的中国实践

总 主 编	余慧娟
副总主编	赖配根
本册主编	施久铭
策划编辑	李永梅　程晓云
审读编辑	任媛媛
封面设计	奇文云海·设计顾问

出版发行	华东师范大学出版社
社　　址	上海市中山北路 3663 号　邮编　200062
网　　址	www.ecnupress.com.cn
电　　话	021 - 60821666　行政传真　021 - 62572105
客服电话	021 - 62865537
邮购电话	021 - 62869887　地址　上海市中山北路 3663 号华东师范大学校内先锋路口
网　　店	http://hdsdcbs.tmall.com

印 刷 者	北京密兴印刷有限公司
开　　本	700×1000　16 开
插　　页	1
印　　张	15.5
字　　数	234 千字
版　　次	2019 年 4 月第一版
印　　次	2020 年 5 月第二次
印　　数	6 101-9 100
书　　号	ISBN 978 - 7 - 5675 - 8679 - 6/G · 11748
定　　价	55.00 元

出 版 人	王 焰

（如发现本版图书有印订质量问题，请寄回本社市场部调换或电话 021-62865537 联系）